UI ESPIRITUAL AL MÁXIMO

Espero que este libro te traiga bendición y propósito para tu vida
— Edgar

PEDRO VILLEGAS

En medio de una sociedad cambiante, inmoral, sin fe y en decadencia, se hace cada vez más importante regresar a los diseños originales que Dios estableció para sus hijos; pero de igual forma hay tanta información y fuentes disponibles que se hace difícil escoger qué y de quién aprender.

En el liderazgo hay aspectos de gran relevancia, pero a mi parecer ninguno tan importante como la coherencia; que la vida del líder sea un reflejo de sus enseñanzas. He tenido la oportunidad de ver esta característica reflejada en la vida de mi amigo, el pastor Pedro Villegas.

Al trabajar juntos en diversos proyectos y emprendimientos he podido encontrar en Pedro una mezcla que se encuentra en pocas personas: una gran fe, una excelente administración, relaciones saludables, pasión por el ministerio y una hermosa familia.

Estoy seguro que los principios compartidos en este libro tienen la potencia de realizar cambios permanentes en tu familia y generaciones. Prepárate para recibir consejos prácticos y poderosos que han sido probados por muchas personas que han tenido la bendición de ser inspirados e impulsados a vivir la vida abundante que Jesús vino a darnos.

PASTOR EDWIN CASTRO
Iglesia Presencia Viva
Miami, Florida

Querido lector, permíteme recomendarte el libro que tienes en tus manos. El pastor Pedro Felipe, de una manera simple y profunda (virtudes que no son fáciles de combinar en un escritor) te llevará a recorrer un camino integral para vivir a pleno tu vida de fe. Cada área de tu vida cristiana tiene un propósito y un diseño, y este libro te ayudará a identificar tus fortalezas para afirmarlas y tus debilidades para detectarlas y confrontarlas.

Hace muchos años, estando en casa de sus padres en Bogotá, cuando él y su amada esposa Ana María ni siquiera vislumbraban servir a Jesús pastoreando, Dios me confirmó que ellos tenían el corazón y el espíritu adecuado para servirle como pastores. Unos años después tuve el privilegio de ordenarlos junto al pastor Frank López y a partir de allí, poniendo las manos en el arado, nunca han mirado para atrás.

Pedro tiene mucho que dar a la iglesia, más allá de los muros de su propia congregación que, por cierto, ha experimentado un crecimiento extraordinario con excelencia (otras dos virtudes no muy fáciles de combinar), y comienza a hacerlo a través de este libro.

Te animo a leerlo, disfrutarlo, compartirlo, y procesarlo bajándolo de tu cabeza a tu corazón. No vas a arrepentirte.

¡Que Dios te bendiga ricamente!

PASTOR ESTEBAN FERNÁNDEZ
Director
Biblica Latin Ministries

Conozco a Pedro Villegas desde que yo era una adolescente. Tengo que empezar por decir que me enamoré de él perdidamente, aunque en aquella época ambos estábamos perdidos y ninguno conocía a Jesús. Pasó el tiempo y fui testigo de su paso hacia la Luz al recibir a Jesús en una noche, donde nos reencontramos, y pude compartirle acerca de esta preciosa Verdad que ahora yo vivía.

Así que no solo soy testigo de verlo madurar de adolescente a adulto, sino también de incrédulo a creyente. Pero lo más valioso para mí es que soy testigo de verlo convertirse de creyente a un gran líder, un líder visionario para este tiempo donde hay tanto engaño, mentira y confusión en los temas de la fe.

En su corazón parece estar escrito 1 Timoteo 3:1-6:

REQUISITOS PARA SER OBISPO

Fiel es esta palabra: Si alguien anhela el obispado, desea buena obra. Entonces es necesario que el obispo sea de conducta intachable, marido de una sola mujer, sobrio, prudente, decoroso, hospitalario, apto para enseñar no dado al vino, no violento sino amable, no contencioso ni amante del dinero. Que gobierne bien su casa y tenga a sus hijos en sujeción con toda dignidad. Porque si alguien no sabe gobernar su propia casa, ¿cómo cuidará de la iglesia de Dios? Que no sea un recién convertido para que no se llene de orgullo y caiga en la condenación del diablo.

Lo digo por su genuino deseo de ser pastor y servir a otros. Así volví a enamorarme de él. Soy mujer de doble porción y esta vez al ambos estar en la luz y conocer a Jesús las cosas fueron diferentes y mejores. Terminé siendo esa "una sola mujer" a la que hace referencia el versículo en mención que dice: "A quien anhela ser pastor debe ser marido de una sola mujer". Así que como soy esa "una sola mujer", tengo mucho que decir, porque en su caminar he estado yo para verlo en primera fila.

Estás por leer un libro lleno de coherencia y practicidad, proveniente de un hombre íntegro y apasionado por escribir y compartir a otros lo que día a día vive porque cree que es *verdad* y por lo tanto es *alcanzable*. Digo esto porque también conozco a muchos que aunque conocen la verdad nunca han sido valientes para atreverse a vivirla, o no han sido generosos para compartirla.

Me siento honrada por poder ser esa "una sola mujer" que ha visto en su esposo el poder transformador de Jesús y lo real que es vivir una vida abundante cuando los principios reinan por encima de las emociones.

PASTORA ANA MARÍA VILLEGAS
Una esposa enamorada

Qué agradable es ver cómo Dios levanta nuevas voces en cada generación a fin de cumplir Su propósito en la tierra. Así como la lluvia que cae sobre el monte encuentra su camino al río, así cada generación necesita encontrar la ruta para poder caminar con Dios y llevar una vida con propósito.

Principios y valores proveen esas rutas a esa conexión con Dios que no solo le da sentido a la vida, pero permite que sea deleitable y segura. Esa seguridad solo puede ser encontrada en el manual de Dios, La Biblia. Enseñar sus principios de forma práctica y relevante es la tarea de esos hombres y mujeres a quienes Dios levanta con el único deseo de ver vidas enriquecidas por Dios.

En Mateo 9:36 dice: *"Cuando vio a las multitudes, les tuvo compasión, porque estaban confundidas y desamparadas, como ovejas sin pastor"*.

Esto describe la condición actual del mundo, confusión y falta de esperanza. Donde los principios y valores de Dios son ignorados, habrá confusión y una abismal necesidad de aceptación de quien sea, aunque esto sea para mal.

Amo la manera en que mi amigo Pedro Villegas toma principios tan importantes y los transmite con la sencillez y claridad necesarias para que puedan ser entendidos por quien lea estos libros. Creo que él es una de esas voces que Dios ha levantado para marcar una diferencia y aportar a la enorme tarea de conectar a nuestra generación con lo que Dios quiere llevar a cabo en estos tiempos.

PASTOR JOSE MAYORQUÍN
Iglesia La Roca

Visitar la Iglesia Full Life es una experiencia que te inspira, porque los valores que les identifican están bien definidos. El espíritu de servicio lo reflejan en lo que hacen y la excelencia con la que viven te hace desear ser parte de la comunidad. Por eso aprecio que el pastor Pedro esté compartiendo en este libro la visión que les ha guiado. Estoy seguro de que disfrutará su lectura.

SIXTO PORRAS
Vicepresidente de Ministerios Hispanos
Enfoque a la Familia

Todas las citas de la Escritura han sido tomadas de la Santa Biblia, *Nueva Versión Internacional*® NVI® © 1999, 2015 por Bíblica, Inc.®, Inc.® Usadas con permiso de Bíblica, Inc.® Reservados todos los derechos en todo el mundo. Las citas de la Escritura marcadas (RVR 60) han sido tomadas de la versión Reina-Valera 1960 ® © Sociedades Bíblicas en América Latina, 1960. Renovado © Sociedades Bíblicas Unidas, 1988. Usadas con permiso. Todos los derechos reservados. Reina-Valera 1960® es una marca registrada de Sociedades Bíblicas Unidas.
Cursivas y negritas son énfasis del autor.

Una vida espiritual al máximo
El principio de todo
Serie Vive al máximo
© 2023 por Pedro F. Villegas

Editado por: Ofelia Pérez
Illustraciones: Andrés Machado - King of Hearts
Diseño Interior: Pablo Montenegro - Andrés Machado

Publicado y Distribuido por RENACER UNO CORP

ISBN: 978-1-956625-24-0
e-book ISBN: 978-1-956625-25-7
Impreso en Colombia

Ninguna parte de este libro puede ser reproducida o transmitida de ninguna manera o por ningún medio, electrónico o mecánico —fotocopiado, grabado, o por ningún sistema de almacenamiento y recuperación (o reproducción) de información— sin permiso por escrito del autor.

CONTENIDO

DEDICATORIA 13

AGRADECIMIENTOS 15

PRÓLOGO 17

INTRODUCCIÓN 19

CAPÍTULO 1
VIVIR POR PRINCIPIOS, NO POR EMOCIONES 23

CAPÍTULO 2
VIVO ESPIRITUALMENTE 39

CAPÍTULO 3
DISCIPLINA ESPIRITUAL #1 55

CAPÍTULO 4
DISCIPLINA ESPIRITUAL #2 65

CAPÍTULO 5
DISCIPLINA ESPIRITUAL #3 73

CAPÍTULO 6
DISCIPLINA ESPIRITUAL # 4 81

CAPÍTULO 7
DISCIPLINA ESPIRITUAL #5 85

CAPÍTULO 8
LA LLENURA DEL ESPÍRITU SANTO 93

CAPÍTULO 9
CÓMO RECIBIR EL ESPÍRITU SANTO 107

CAPÍTULO 10
SOY UN ADORADOR 117

CAPÍTULO 11
SOY UN HIJO DE DIOS................................... 133

PALABRAS FINALES 151

ACERCA DEL AUTOR 153

DEDICATORIA

Al Espíritu Santo, por amarme como soy, estar siempre conmigo y usarme para Sus propósitos.

AGRADECIMIENTOS

A mi amado Jesús, que me dio vida y me rescató de la muerte.

A mi hermosa esposa Ana; mis hijos Natán y Abel; y mis padres, Gilberto y Patricia, por amarme y apoyarme siempre.

A mi iglesia Full Life por creer junto conmigo en todo lo que Dios nos ha llamado a conquistar.

*Querido hermano, oro para que te vaya bien en **todos tus asuntos** y goces de buena salud, así como prosperas **espiritualmente.***

3 JUAN 1:2

PRÓLOGO

El Dios de la creación es un Dios perfecto en orden y en propósitos. Todos nosotros tenemos un propósito divino y es por eso que existimos, por lo tanto necesitamos el orden de nuestro Creador para llevar un vida de victoria y para alcanzar los sueños de Dios para nosotros. De igual manera, cada visión que Dios da, sea una iglesia, una empresa o cualquier sueño que Dios ponga en tu corazón, necesita el orden y los principios bíblicos para que llegue a su máximo potencial en Dios.

Una vida espiritual al máximo es adonde Dios nos quiere llevar y Él lo hace a través de sus principios y de su revelación a nuestras vidas. Su amor lo hace todo posible y su Palabra y sus principios son el camino.

En este libro, el Pastor Pedro Villegas nos enseña muy claramente cuáles son esos principios y esos valores que traen la prosperidad de Dios y que avanzan sus planes para nosotros y para nuestra descendencia.

Cada uno de estos principios están establecidos por Dios para añadir, para sanar y para dar un buen testimonio del poder de Dios. En ellos está el poder de hacer manantiales en medio del desierto.

Gracias, Pastor Pedro, por este maravilloso libro, por este manual que tiene la capacidad de transformar vidas y familias completas, y de establecer bendiciones generacionales. Somos testigos de cómo el Pastor Pedro vive lo que predica y todo lo que enseña en este maravilloso libro, y hemos visto como cada año los frutos se van multiplicando.

Es mi oración que cada lector tome provecho de esta maravillosa obra y que sus vidas sean testimonios vivos y una expresión real de lo que es vivir una vida espiritual al máximo. Siempre que sus principios son honrados en una familia o en una comunidad, veremos resultados maravillosos de parte de nuestro Dios.

PASTOR FRANK LÓPEZ
Pastor Principal
Jesus Worship Center
Miami, Florida

INTRODUCCIÓN

Bienvenido. Me pongo a pensar en todo lo que ha ocurrido para que tú tengas este libro en tus manos, y no dejo de maravillarme por las cosas que hace el Gran Arquitecto.

Podría contarte toda una serie de situaciones y estoy seguro de que te quedarías maravillado, pero en este momento no quiero que pienses en qué es lo que pasó conmigo, sino qué es lo que pasó para que tú tuvieras este libro en tus manos.

Estoy seguro que Dios orquestó un plan magnífico para que esto sucediera contigo.

Permíteme presentarme, soy Pedro Villegas, tengo el encargo y el honor de pastorear la iglesia Full Life, en Florida, y tengo una gran pasión por enseñar el pueblo de Dios a reflejar la huella de Jesús en todas las áreas de su vida.

Y eso es exactamente lo que quiero hacer con este primer libro.

Sí, es el primero de una serie de cinco libros que he titulado *Vida al máximo*. Es una serie que cerrará un hermoso círculo que te ayudará a ver cómo está tu vida de manera integral, y te guiará para que en cada área de tu vida camines en el propósito que Dios tiene para ti.

Para conseguir esto quiero que imagines tu vida como si fuera una poderoso Jeep 4x4. Parece una broma, pero créeme que es uno de los ejemplos más claros y más explicativos que he podido encontrar, y que se adecúa mejor al propósito que tengo para darte una enseñanza.

Quiero que definamos las partes básicas de nuestro Jeep 4x4 (nuestra vida): un motor que simboliza nuestra área espiritual, y cuatro llantas, donde cada una representa un área de nuestra vida: familiar y relacional, física, profesional y ministerial.

Como todo vehículo, la parte más importante es el motor. Es por eso que en este libro vamos a explorar todo lo que necesitamos para que nuestra vida espiritual se vea fortalecida. Sin un motor funcionando bien, aunque el auto tenga las mejores llantas, no va a funcionar. Este concepto es muy importante, puesto que el área espiritual es el área fundamental en la vida de toda persona que dice creer en Dios.

Vamos a desmenuzar conceptos, explorar lo que la Palabra del Señor nos dice y vamos a ser introspectivos. El Señor tiene mucho para mostrarte, pero eso solo va a ocurrir si tú tienes la disposición y le dices a Dios, "heme aquí, Señor, quiero me ayudes a entender y fortalecer mi área espiritual".

Este es el inicio de un viaje hermoso, te lo aseguro.

CAPÍTULO 1

VIVIR POR PRINCIPIOS, NO POR EMOCIONES

Tienes en tus manos este libro porque es el momento que Dios decidió que fuera así. En los planes de Dios no existen las casualidades; son planes concebidos desde la eternidad, y cuyo diseño para ti incluía que estés en este momento y con esta lectura.

No te sorprendas, así es Dios. Se trata de un Dios bueno, que desea que tengas la capacidad de obtener relaciones sanas, construir una familia, vencer todo conflicto, tener un cuerpo sano y finanzas sanas. Pero también quiere que tengas la capacidad de derrotar todo pecado.

Jesús quiere hablarte, y quiere guiarte en un proceso para que tengas un futuro prometedor y un ministerio efectivo.

La especialidad del Señor es transformar las cosas, las personas, las situaciones. Yo mismo soy un testimonio viviente de esa capacidad de transformación. ¡Yo no tengo ningún mérito!

Dios hizo una tremenda obra en mí. Si la hizo en mí, estoy plenamente seguro que la puede hacer en ti.

LA IMPORTANCIA DEL TESTIMONIO

Cuando me convertí al cristianismo, no podía esperar. Yo quería que todos supieran lo que Jesús tenía para ellos. Sin importar si los problemas de las personas fueran de orden espiritual, familiar, económico o de salud, yo sabía que Jesucristo era la respuesta para todas esas personas. Sin embargo, me encontré con un simple, pero gran problema: las personas no querían escuchar lo que yo les estaba compartiendo. Lamentablemente, eso era a causa del mal testimonio de personas que asistían a la iglesia y que se llamaban a sí mismos "cristianos".

> **LA ESPECIALIDAD DEL SEÑOR ES TRANSFORMAR LAS COSAS, LAS PERSONAS, LAS SITUACIONES.**

Recuerdo que a uno de mis mejores amigos de la infancia quise predicarle sobre Jesús, principalmente sobre lo que Él había hecho en mi vida. Una vez que empecé, me interrumpió y me dijo: **"Pedro, sabes, yo tengo un tío que es cristiano...".**

Cuando escuché aquello me puse muy contento. Me gozaba pensando en que yo le estaba predicando el evangelio a mi amigo, y que por otro lado su tío también lo estaba haciendo. ¡Ya tenía ganas de conocer al tío para decirle cómo nos estaba usando el Señor!

Pero inmediatamente vino la decepción. Mi amigo continuó diciéndome **"...yo tengo un tío que es cristiano, es un vago, un completo irresponsable y el peor miembro de esta familia a quien ninguno de nosotros nos queremos parecer".**

Es impresionante, pero es la realidad, en cierto modo muy parecida a la que descubrí en la empresa donde trabajaba. Éramos aproximadamente 200 empleados, y yo quería identificar a los cristianos para juntos extender el Reino de Dios. Pero qué decepción me llevé cuando vi que los cristianos eran los que siempre llegaban tarde al trabajo, muchas veces con la excusa de que se extendieron demasiado en su tiempo de oración y lectura de la Biblia esa mañana.

Incluso cuando su jefe les llamaba la atención por haber llegado tarde, los "cristianos" decían que ese era un ataque del diablo. **"El jefe está siendo usado por el diablo para atacarme porque estoy en ayuno"**, era lo que pensaban. Supe de un compañero que fue despedido por no trabajar, ya que en vez de atender a los clientes se ponía a predicarles. Eso trajo como consecuencia que en la oficina no se alegraran de que otro cristiano (me refiero a mí) hubiera llegado, por el contrario, les entró preocupación.

Todo esto me confrontó y me llevó a meditar en lo siguiente: Jesús caminó entre nosotros hace muchos años, pero sigue en la tierra entre nosotros, en este cuerpo: la Iglesia. Él revela el propósito de cada uno de nosotros como creyentes al decirnos que junto con el Espíritu Santo nosotros seríamos sus testigos.

CUANDO VENGA EL CONSOLADOR, QUE YO LES ENVIARÉ DE PARTE DEL PADRE, EL ESPÍRITU DE VERDAD QUE PROCEDE DEL PADRE, ÉL TESTIFICARÁ ACERCA DE MÍ. Y TAMBIÉN USTEDES DARÁN TESTIMONIO PORQUE HAN ESTADO CONMIGO DESDE EL PRINCIPIO.

Juan 15:26-27

El Señor nos dice que nosotros estamos aquí para testificar acerca de Él, ese es nuestro propósito: revelarle al mundo una verdad que todavía no conoce. Es como lo que sucede en un juicio: si te llaman como testigo, es para que reveles una verdad que no se conoce, pero una vez revelada, servirá enormemente para que las cosas se aclaren y se llegue a un justo veredicto final.

Nosotros somos los testigos de Cristo junto con el Espíritu Santo. Este mundo no conoce de Cristo, pero lo hará porque tú y yo estamos testificando. Era tan importante para Jesús el que tengamos presente este propósito, que una vez que murió en la cruz y resucitó, volvió a recordarnos nuestra misión.

> **PERO, CUANDO VENGA EL ESPÍRITU SANTO SOBRE USTEDES, RECIBIRÁN PODER Y SERÁN MIS TESTIGOS TANTO EN JERUSALÉN COMO EN TODA JUDEA Y SAMARIA, Y HASTA LOS CONFINES DE LA TIERRA.**
>
> *Hechos 1:8*

La llegada del Espíritu Santo es fundamental para que las cosas empiecen a ocurrir según el plan de Dios. El versículo que acabamos de leer dice *"cuando venga el Espíritu Santo recibirán poder y serán mis testigos"*. Eso es exactamente lo que le pasó a Jesucristo cuando fue bautizado en las aguas del Jordán. Vino sobre Él el Espíritu Santo en forma de paloma, recibió las palabras de bendición de su Padre, *"Tú **eres mi Hijo amado; en ti tengo complacencia**"* (Marcos 1:11), y estuvo listo para empezar esa portentosa vida llena de milagros y prodigios.

Jesús les estaba diciendo a sus seguidores, "eso es lo mismo que les va pasar a ustedes, les llegará el Espíritu Santo y los milagros empezarán a fluir". ¿Notas lo importante que es la presencia del Espíritu Santo en la vida de quienes nos consideramos seguidores de Cristo? ¿Puedes ver lo fundamental que es Su presencia para poder testificar de Él?

Jesús dijo ustedes **"serán mis testigos"**. La connotación de la palabra "testigo" es "testificar hasta la muerte", es decir, hasta el último aliento de vida hemos de compartir las enseñanzas de Jesucristo.

LOS FRUTOS VALIDAN LAS PALABRAS
Recordemos otra advertencia que nos hace el Señor.

> POR SUS FRUTOS LOS CONOCERÁN.
> Mateo 7: 16

El fruto es el resultado de poner en práctica la Palabra de Dios. Cuando obedeces la Palabra de Dios estás sembrando una semilla, esa semilla germinará y terminará dando fruto, un fruto agradable a los ojos de Dios. Con nuestras palabras predicamos, pero con nuestro fruto validamos lo que predicamos.

Estamos llamados a ser sus testigos, pero ¿cómo testifico? Cuando uno la Palabra con el fruto. Si nosotros solo predicamos y predicamos, y no damos ningún fruto, solamente estamos haciendo ruido. Lo único que provocamos ante los demás es que rechacen ese Cristo al cual predicamos.

LA LLEGADA DEL ESPÍRITU SANTO ES FUNDAMENTAL PARA QUE LAS COSAS EMPIECEN A OCURRIR SEGÚN EL PLAN DE DIOS.

Esta correlación entre lo que dice nuestro testimonio y lo que decimos con las palabras, incluso es muy utilizado en las ventas. Recordemos a las empresas que venden productos para bajar de peso. Ellas utilizan publicidad con testimonios de personas que han bajado algunos kilos; y yendo más lejos, algunas empresas les dan a sus vendedores **pins** que se cuelgan en lugares visibles donde podemos leer textos como "Bajé 15 kilos. Pregúntame cómo". ¿Te parece conocido?

La correspondencia entre lo que somos y lo que decimos es fundamental en todos los estratos de la vida. ¿Te imaginas si la persona que tiene puesto este **pin** se ve – para no decir "gordo"– algo "tierno"? O digamos "pasado de tierno". ¿Qué es lo que pensaría el público de los productos que estas empresas ofrecen?

Eso es exactamente lo que pasa con nosotros, quienes llevamos la etiqueta de "cristianos" y nos dejamos ver por todos. Sin embargo, ¿te has preguntado la correlación que existe entre lo que eres y lo que haces? ¿Qué habla más alto? ¿Lo que dices que eres o tus acciones? Quizá tienes las mejores intenciones para aconsejar a un matrimonio que está pasando por una crisis, y les hablas de lo poderoso que es el Espíritu Santo para traer sanidad, sin embargo, lo único que ellos pueden ver es que tu matrimonio es un desastre.

ESO NO FUNCIONA.

Sin embargo, igual existen hijos que les piden consejos matrimoniales a sus padres divorciados. ¿Es esto es absurdo? Sí, lo es. Pero así funciona nuestra naturaleza, y eso no es testificar. Nosotros testificamos cuando nuestra palabra se suma al fruto de nuestras vidas.

Otros matrimonios van a desear lo que tú tienes cuando tú te pares delante de ellos y les digas "mi matrimonio era un desastre, pero Cristo vino a nuestras vidas y mira el matrimonio que ahora tengo". Eso será realmente apetecible por los demás, porque es tu fruto lo que valida lo que tú predicas. Quizá duele decirlo, pero todos quieren escuchar a personas exitosas, nadie quiere escuchar fracasados. La pregunta es ¿por qué no vivir en éxito mi vida para después salir a predicarlo?

Tenemos que reflejar la huella de Jesús en todas las áreas de nuestra vida: espiritual, relacional, física, profesional y ministerial, de manera que impactemos en las áreas de mayor necesidad. Las huellas son el símbolo inequívoco de que alguien pasó por el camino donde las vimos. Eso es exactamente lo que tiene que pasar. Jesús se tiene que ver reflejado allí, la gente tiene que decir en nuestro caminar, "Jesús pasó por acá".

¿Cuál fue la huella de Jesús? Cuando Jesús pasaba por algún lugar traía vida, sanaba, traía orden, y todo eso se resume en una frase: Él bendecía. Esa era la huella de Jesús. Entonces, cuando la gente ve que lo que estaba enfermo en tu vida ahora está sanado, o cuando la gente ve que un matrimonio que estaba roto ahora sirve al Señor en armonía, la gente puede decir, "por acá pasó Jesús".

Piensa en tu vida como el recorrido que hizo Jesús en los Evangelios. Cada vez que Jesús llegaba y se encontraba con algo que necesitaba su toque, si ese algo se rendía y creía en Él, Jesús obraba su milagro. Bíblicamente creer es igual a obedecer.

CON NUESTRAS PALABRAS PREDICAMOS, PERO CON NUESTRO FRUTO VALIDAMOS LO QUE PREDICAMOS.

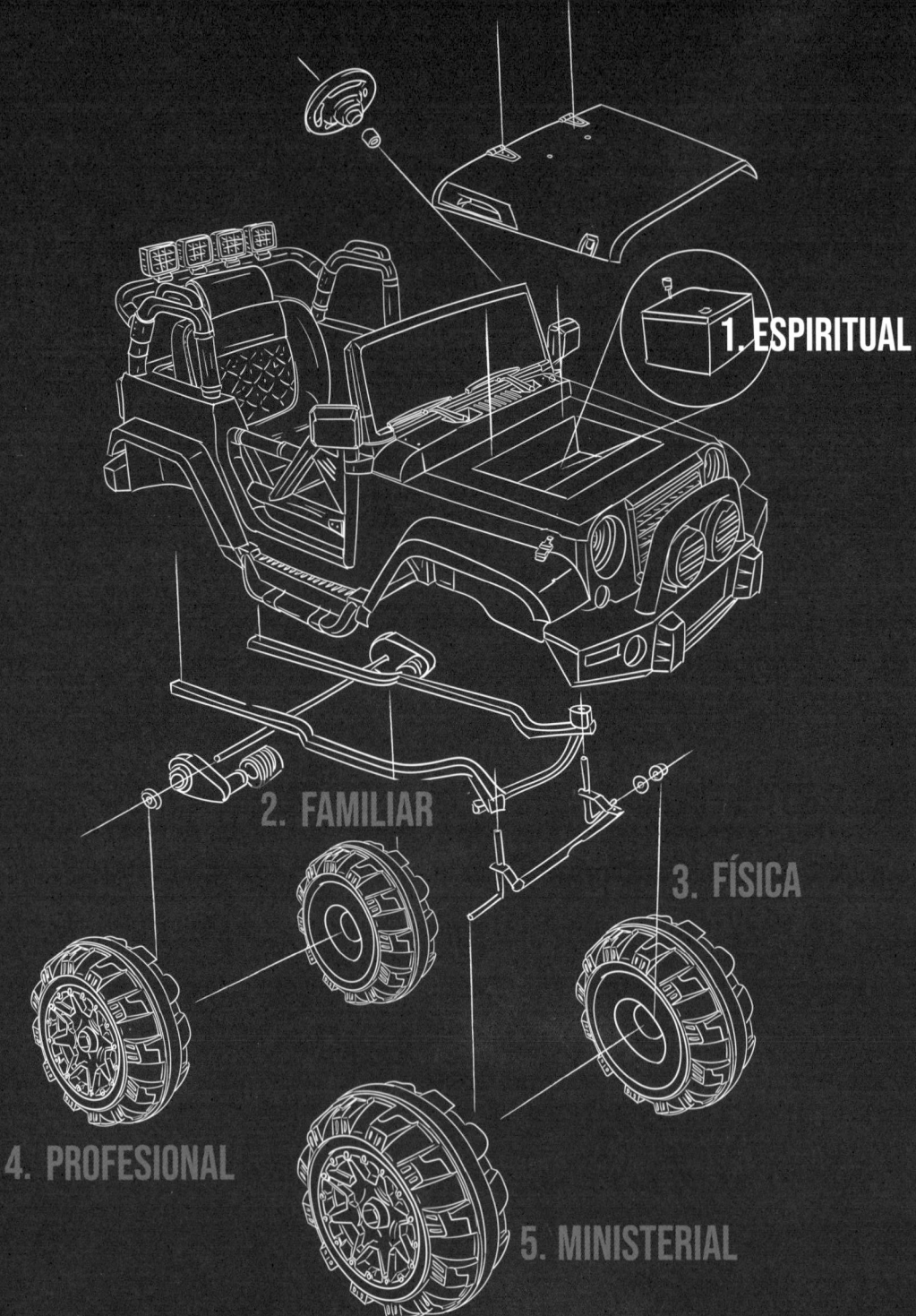

CINCO ÁREAS CON EL MOTOR DE LO ESPIRITUAL

Hay una razón para el orden en que vamos a ver en este libro las cinco áreas. Recordemos el Jeep 4x4, y que ese vehículo representa tu vida. Tiene un sitio por llegar y ese lugar representa la vida en abundancia que Dios quiere para ti. Lo que hace que el auto se mueva y tenga potencia es el motor (y no pienses, por favor, en la gasolina, porque si es un Tesla... ¡se nos cae el ejemplo!).

Este Jeep puede tener cinco mil caballos de fuerza (OK, digamos "corceles" si te parece más **cool**), puede ser uno de los motores más potentes que se hayan visto, pero imagínate que a esa fabulosa máquina le falta una llanta. Sería imposible el desplazamiento. La potencia necesita poder desplazarse. ¿Qué representa, entonces, el motor en tu vida? Representa tu área espiritual.

Tú necesitas estar bien espiritualmente para poder desplazarte. Recuerda que Jesús les dijo a sus discípulos, "esperen a ser llenos del Espíritu Santo para salir a testificar". La potencia (el poder), ¿cómo era obtenida por los discípulos? A través del área espiritual, porque el Espíritu Santo estaba en ellos.

En tu área espiritual no solamente está la capacidad para comprender lo que Dios te dice que hagas, también está la capacidad para ponerlo en práctica. Pero, ¿qué pasa si estás lleno espiritualmente, es decir, tu motor está a las mil maravillas, pero no hay ninguna llanta? Serás un cristiano que solo está haciendo ruido. Serás una de esas personas que gritan "Biblia", pero no la viven.

Entendamos algo: si estás bien espiritualmente, pero una de las llantas está mal, inevitablemente va a comprometer a las demás. Por ejemplo, si estás mal emocionalmente por un problema familiar, tiendes a somatizar. Esto se define como "transformar problemas psíquicos en síntomas orgánicos de manera involuntaria". Allí el área relacional está afectando el área física. En esas condiciones no puedes trabajar, ni tampoco cumplir con tu ministerio.

¿Puedes ver la importancia de tener en orden cada área de tu vida?

Es lo que pasa cuando el área espiritual no está bien cimentada en nosotros. Sin el Espíritu Santo, Pedro negó tres veces a Cristo; con el Espíritu Santo, Pedro testificó de Cristo hasta el martirio. Lo que no fue posible sin el Espíritu, fue posible con Él. Es lo mismo que te va a pasar a ti: lo que no pudiste hacer sin el Espíritu, ahora lo podrás hacer con el Espíritu Santo de Dios.

Mi vida es una muestra de ello. Fueron innumerables las veces que en mis fuerzas intenté dejar de lado mis adicciones, pero no pude. Intenté mejorar mis relaciones y no pude. Pero el Espíritu de Dios me dio la fortaleza que nunca logré tener. Y te la quiere dar a ti también.

LO QUE NO PUDISTE HACER SIN EL ESPÍRITU, AHORA LO PODRÁS HACER CON EL ESPÍRITU SANTO DE DIOS.

Algo que ejemplifica muy bien esto es la historia del pueblo de Israel. Cuando este pueblo estaba cautivo, los israelitas no tenían ningún tipo de autoridad sobre su propia vida. No podían decidir por ellos mismos, vivían para que otros disfrutaran, trabajaban para los egipcios como esclavos. Es lo mismo que nos ha pasado a ti y a mí, ya que éramos esclavos del pecado.

El pueblo de Israel finalmente es liberado y es llevado al desierto. Muchos dicen que Israel fue al desierto para llegar a la tierra prometida, pero la verdad es que fueron al desierto para conocer a Dios como realmente debían conocerlo. En el desierto debían aprender a adorarlo como es debido, porque de esa relación, nacía todo: su identidad como hijos, su posición de herederos y el asumir que en Dios tenían poder.

El Señor no les permitió ir a la tierra prometida hasta que el área espiritual estuviera totalmente fortalecida y ellos comprendieran quién era Dios, y quiénes eran ellos con respecto a Dios. Una vez que entendieron eso, el Señor los consideró listos para salir a conquistar.

Tenemos que preguntarnos qué hubiera pasado si después de haber asumido su papel de hijos y de haber sido empoderados por Dios, los israelitas no hubieran ido a conquistar la tierra prometida. Hay una sola respuesta para esto: hubieran muerto en el desierto.

Eso es lo que probablemente les está pasando a muchos cristianos. Están recibiendo el conocimiento espiritual y el empoderamiento de Dios, pero no están siendo capaces de conquistar las otras áreas de su vida, por lo tanto, están viviendo en el desierto, pero también van a morir en el desierto.

Dios te da la capacidad, pero tú tienes que salir a conquistar tu tierra prometida.

Solo por ir a la iglesia no vas a conquistar un buen matrimonio.

Tampoco pretendas pensar que te va a ir muy bien en lo laboral y también en lo ministerial. Eso no es así. A través del Espíritu se te da la capacidad, pero tienes que salir a conquistar. No te quedes en el desierto. Una vez que has recibido toda la instrucción y el empoderamiento, ve y conquista, no mueras en el desierto.

PRINCIPIOS VS EMOCIONES

En nuestra iglesia, dentro de lo que es nuestra misión, utilizamos la frase "viviendo por principios y no por emociones". Esto es clave, ya que, si nos dejamos llevar por nuestras emociones y constantemente les preguntamos qué hacer, eso nos va a llevar a la destrucción.

Cuando peleas con tu esposa, Dios te dice inmediatamente "perdona", pero lo que te dicen las emociones es "no le voy a hablar hasta que aprenda y pida perdón". Eso simplemente es cocinar un divorcio.

Es lo mismo que pasa, por ejemplo, con los que solemos ir al gimnasio a hacer ejercicios. Yo realmente disfruto ir al gimnasio, pero eso sucede porque ahora ya tengo el hábito. Pero para desarrollar ese hábito, me tocó hacerlo por principios y no por emociones.

Yo no recuerdo una sola vez en que yo me levantara para ir al gimnasio y mi cuerpo me dijera, "¡OK, muévete, vamos rápido!". Siempre que yo quería ir al gimnasio mis emociones empezaban a decirme diferentes cosas: "Qué pereza… veamos televisión… así "tiernito" como estás te ves bien…".

Entonces yo estaba allí, con mis luchas entre mis emociones y mis principios, y de pronto me tocaba pasar por la panadería.

Te voy a decir una gran verdad: no hay nada más tentador que el olor a pan caliente. Yo creo que el fruto prohibido olía a pan caliente recién horneado. No hay cuerpo que lo resista.

Yo estaba ya por subir a la primera máquina en el gimnasio y aún podía oír una voz que me decía "estás a tiempo para regresarte, huye, ¡nadie te va a juzgar!".

Pero yo no escuchaba. Yo estaba decidido a hacer eso por principios, no por emociones.

Es lo mismo que tienes que hacer en el matrimonio. Por ejemplo, cuando en mi casa me pasaban cosas que de pronto me hacían sentir irrespetado por mi esposa, aunque no haya sido su intención, ¿tú crees que en ese momento me saltaban unas tremendas ganas de hacerle cariñitos?

La verdad es que... ¡me daban ganas de mandársela a Dios! ¡Y en modo "express line"! En ese momento el Señor me dice, "perdónala", y la realidad es que en ese momento yo voy en contra de mi voluntad a hacer lo que se me manda, pero no es algo que necesariamente me brota a chorros.

Todo lo bueno, todo lo que te hace bien, se rige por principios y no por emociones. No importa si lo quiero o no lo quiero hacer, la pregunta es "¿Dios, lo hago o no lo hago?". El apóstol Pablo sabía muy bien lo que significaba esta lucha entre nuestra naturaleza pecaminosa y el Espíritu.

TODO LO BUENO, TODO LO QUE TE HACE BIEN, SE RIGE POR PRINCIPIOS Y NO POR EMOCIONES.

> **ASÍ QUE LES DIGO: VIVAN POR EL ESPÍRITU, Y NO SEGUIRÁN LOS DESEOS DE LA NATURALEZA PECAMINOSA. PORQUE ESTA DESEA LO QUE ES CONTRARIO AL ESPÍRITU, Y EL ESPÍRITU DESEA LO QUE ES CONTRARIO A ELLA. LOS DOS SE OPONEN ENTRE SÍ, DE MODO QUE USTEDES NO PUEDEN HACER LO QUE QUIEREN. PERO, SI LOS GUÍA EL ESPÍRITU, NO ESTÁN BAJO LA LEY.**
>
> *Gálatas 5:16-18*

Nuestros deseos y nuestras emociones mayormente van a ser contrarios a la voluntad de Dios, así que lo que tengo que hacer es decidir entre ser esclavo de mis deseos o ser esclavo de Dios. Tú conquistas cada área de tu vida, no porque haces lo que quieres, sino porque haces lo que Dios dice que tienes que hacer.

Esto es carácter: vivir por principios y no por emociones, regirse por los principios de Dios porque sabemos que es el mejor camino, y dejar de lado lo que nuestros afanes personales nos dictan.

Déjame insistir en esto, que es la idea clave de este primer capítulo:
Yo vivo por principios, no por emociones. Si hay algo que quiero que recuerdes, es esto que acabas de leer.

Ahora vamos a profundizar un poco más en nuestra área espiritual. Vamos a zambullirnos en la piscina del Espíritu Santo para descubrir qué es lo que significa vivir espiritualmente.

CAPÍTULO 2

VIVO ESPIRITUALMENTE

Para empezar este capítulo me gustaría referirme a algo que está sucediendo muy a menudo con los cristianos, especialmente al día de hoy. No sé si has tenido la oportunidad de encontrarte con aquellas personas que validan la Palabra de Dios con lo que pasa fuera de ella, en el mundo.

Me explico: Es como si viniera un creyente y me dijera, "Pastor, he visto un impresionante documental donde se dijo que Judas había escrito uno de los evangelios; se vieron pruebas y realmente me quedé dudando". Puede parecer de locos, pero la verdad es que estamos en un tiempo en que muchas personas se permiten validar la Palabra de Dios por lo que encuentran en el mundo. Sin embargo, lo que tú tienes que hacer como hijo de Dios es ver si lo que se dice afuera contradice la Palabra de Dios, porque si es así, es mentira.

¿Por qué o por quién eres guiado? Hay personas que lo primero que hacen al levantarse es mirar las redes sociales. ¿Eres tú uno de esos? ¿O acaso las redes sociales son tu Biblia para empezar el día? O probablemente le preguntas al buscador de Internet cuando te entra una duda, incluso espiritual. Pregunto otra vez, ¿por qué o por quién eres guiado?

Guíate siempre por la Palabra de Dios. Cree en ella. Siempre que en la Biblia se menciona la palabra "creer", equivale a "obedecer". Si tú crees, tú obedeces; y si obedeces, compartirás el Reino de los Cielos con el Señor.

NUESTRO LUGAR DE DESTINO

A propósito de compartir el Reino con Dios, quiero hacerte una pregunta para que sea respondida desde el fondo del corazón: ¿A dónde crees que irías si murieras hoy? ¿Tienes lista tu visa, tu tiquete y tu equipaje para ir al cielo? ¿O hay algún papel que no tienes en orden? Quizá eso provoque que cuando llegues al aeropuerto que te llevará al cielo, haya un desvío inminente y termines en el otro lado.

Es posible que tu respuesta sea, "yo creo que al cielo porque considero que he sido bueno". Otros dicen, "me iré al cielo porque Dios es bueno". Déjame decirte que la Biblia no dice eso, allí se revela con claridad quién va al cielo y quién no. Sin embargo, también es muy clara en decirnos que el infierno es real. Incluso Jesús nos habló del infierno.

Debes saber que el infierno no fue creado para el hombre. Dios lo creó para aquellos ángeles que se rebelaron contra él. El problema vino cuando el hombre decidió seguir a Satanás y sus secuaces e imitarlo. Allí el hombre acabó en el infierno. Vale la pena, entonces, insistir en la pregunta: ¿Por qué o por quién eres guiado? La guía que aceptes para tu vida determinará que termines en un lugar o en el otro.

¿Cómo hacemos, entonces, para ir al cielo? Hay una herramienta que el cristianismo ha usado a lo largo de la historia, y son las cuatro leyes espirituales. Aquí se explica lo que necesitamos todos para ir al cielo:

1. DIOS TE AMA Y TIENE UN PLAN MARAVILLOSO PARA TU VIDA.

> PORQUE TANTO AMÓ DIOS AL MUNDO QUE DIO A SU HIJO UNIGÉNITO, PARA QUE TODO EL QUE CREE EN ÉL NO SE PIERDA, SINO QUE TENGA VIDA ETERNA.
>
> *Juan 3:16*

Aquí tengo un ejercicio muy interesante para ti, para que puedas ver en todo su esplendor el amor que Dios tuvo, tiene y tendrá para ti. Solo te pido que reemplaces las palabras "al mundo" en este versículo y coloques tu nombre; también acomoda el resto del versículo para que sea más personal. Nota muy bien lo que Dios te quiere decir. Para el ejemplo, usaré mi nombre:

Porque tanto amó Dios a Pedro que dio a su Hijo unigénito, para que, creyendo en él, Pedro no se pierda, sino que tenga vida eterna.

Hay una pregunta implícita que constantemente nos está haciendo Dios a partir de este conocidísimo versículo, y es: ¿lo harías? ¿Darías la vida por alguien? Dios quiere que sepas que en todo momento estuvo pensando en ti, porque para Él

DEBES SABER QUE EL INFIERNO NO FUE CREADO PARA EL HOMBRE. DIOS LO CREÓ PARA AQUELLOS ÁNGELES QUE SE REBELARON CONTRA ÉL.

no se trata de lo que hizo, sino que se trata de por quién lo hizo: fue por ti y fue por mí ese enorme sacrificio. Entender esta verdad me hizo darme cuenta de que el amor que Dios tiene por mí es incluso más grande que el inmenso amor que yo puedo sentir aun por mis hijos.

Para ejemplificar mejor esto, si eres padre, retrocede en el tiempo un poco y ponte a pensar en el día en que te convertiste en padre.

Antes de ser padre, tú creías que conocías el amor o cómo dar amor. Sin embargo, estoy seguro que una vez que fuiste padre pudiste conocer un amor que no sabías que existía, un amor que protege, un amor incondicional, un amor que no mira defectos y que solo busca darle lo mejor a ese pequeño ser. Ese amor me dejó ver el amor que el Padre tiene por mí, y es mi anhelo que te deje ver ese mismo amor que siente por ti.

Son los hechos los que gritan que tú eres importante para Dios como no lo eres para nadie más en esta tierra. Por eso es que se desprendió de su único hijo y lo sacrificó por ti, para que tú puedas tener vida eterna. Ese es el plan maestro de Dios para tu vida, porque sin ese sacrificio no habría plan. Si no hubiera un plan para tu vida, el único destino posible sería el infierno. Sin embargo, ese plan lo cambió todo, y ahora tienes acceso a un lugar al que de otro modo no podrías ir.

Así que apodérate y decide creer esta verdad: Dios te ama más allá de lo que tú has amado o has sido amado por cualquier persona y tiene un plan para tu vida.

2. EL SER HUMANO ES PECADOR Y ESTÁ SEPARADO DE DIOS.

A causa de nuestros pecados nacemos separados de Dios. Por eso no podemos experimentar el amor de Dios ni el plan que Él tiene para nuestra vida. Es por eso también que la gente dice no creer en Dios, ya que no pueden creer en lo que no ven y en lo que no sienten, y es el resultado del pecado en sus vidas, de esa separación. Si estás separado de Dios, es imposible sentirlo o caminar de la mano con Él. Lo más importante: no fue Dios quien creó esa separación, fueron nuestros pecados.

> PUES TODOS HAN PECADO Y ESTÁN PRIVADOS DE LA GLORIA DE DIOS...
>
> Romanos 3:23

> PORQUE LA PAGA DEL PECADO ES MUERTE, MIENTRAS QUE LA DÁDIVA DE DIOS ES VIDA ETERNA EN CRISTO JESÚS, NUESTRO SEÑOR.
>
> Romanos 6:23

Por nuestros pecados estamos muertos (separados) espiritualmente. Entonces, según nuestro ejemplo, estamos con el motor muerto. Podemos poner las mejores llantas, pero el auto de ninguna manera avanzará. Es por eso que muchas personas se pueden ver bien en lo familiar, en la economía y en el resto de las áreas. Quizá no todo les vaya perfecto, pero hay aire en las llantas. Incluso, dado el ejemplo, el área ministerial no existe porque no hay una relación con Dios, pero igual no pueden moverse debido al motor, a esa fundamental parte espiritual que debería marchar de acuerdo con los planes de Dios.

La reacción natural de cada persona, en estos casos, es ponerle más aire a las llantas. Es decir, se enfocan más, por ejemplo, en el área profesional, en el dinero, pero mientras más creen estar llenos y contentos, más vacíos se sienten espiritualmente.

Los índices de suicidio en la clase alta son elevados. Hay mucha gente que cree tenerlo todo, pero sigue sin encontrar algo que los llene, que les dé esperanza y contentamiento. Al ver que no encuentran "ese algo especial" entre tantas posesiones, se viene la desesperanza completa, la depresión e incluso llegan al extremo del suicidio. Una persona que está deprimida es alguien que no tiene esperanza, que no ve razón para vivir.

¿Dónde, entonces, está la esperanza? Solo en Jesús.

Tenemos un vehículo, tenemos un destino, pero ese vehículo necesita ser reparado para poder funcionar, porque nacemos espiritualmente muertos. Es por eso que muchas personas no entienden cuando un cristiano dice "Dios me dijo" o "Dios me habló". Lo que sucede allí es que no están en la capacidad de entender esa conexión con Dios debido al pecado.

> **SON LOS HECHOS LOS QUE GRITAN QUE TÚ ERES IMPORTANTE PARA DIOS COMO NO LO ERES PARA NADIE MÁS EN ESTA TIERRA.**

Así que la segunda verdad que debes creer es: Dios te ama, pero a causa de tus pecados (porque todos somos pecadores) no puedes experimentar su amor ni vivir Su plan para tu vida.

3. JESÚS ES LA ÚNICA PROVISIÓN DE DIOS PARA EL PECADOR.

Solo a través de Jesús puedes llegar a experimentar el amor de Dios y el plan que Él tiene para tu vida.

> **PERO DIOS DEMUESTRA SU AMOR POR NOSOTROS EN ESTO: EN QUE CUANDO TODAVÍA ÉRAMOS PECADORES, CRISTO MURIÓ POR NOSOTROS.**
>
> *Romanos 5:8*

Como podemos ver, Jesús murió por nosotros. Preguntémonos... si hubiera más maneras de llegar al Padre, ¿para qué Jesús murió? Entonces, o se daba ese sacrificio, o todos estábamos condenados a estar muertos eternamente. Recuerda que la paga del pecado es la muerte, a eso estábamos destinados; pero sin pecar, Jesús pagó ese precio por ti y por mí. La Biblia es muy clara al decirnos que la paga por el pecado no se puede dar portándonos bien, haciendo buenas obras o simplemente yendo a la iglesia.

Estamos llamados a no pecar, y el no pecar no aminora esa deuda que tenemos; solo evita que la deuda sea más grande. Ya vimos que la Biblia dice que la paga del pecado es la muerte, esa muerte es una separación eterna de Dios, esa separación implica que tengamos un solo destino: el infierno.

> **Y LOS ARROJARÁN AL HORNO ENCENDIDO, DONDE HABRÁ LLANTO Y RECHINAR DE DIENTES.**
>
> *Mateo 13:50*

Tú y yo hemos tenido momentos difíciles, no cabe duda, y hemos deseado con todo el corazón que eso pase. Y pasó. Además, dice el dicho popular "no hay mal que dure cien años ni cuerpo que lo resista", así que todo momento malo tiende a ser temporal. Pero el infierno no. Es un llanto eterno. Creo que en este versículo el Señor usó la analogía del horno encendido porque la quemadura es uno de los dolores más intensos que uno puede sentir.

> **TENEMOS UN VEHÍCULO, TENEMOS UN DESTINO, PERO ESE VEHÍCULO NECESITA SER REPARADO PARA PODER FUNCIONAR, PORQUE NACEMOS ESPIRITUALMENTE MUERTOS.**

Si alguna vez te has quemado, aunque sea el dedo, habrás notado que es un dolor permanente, que no te deja y es muy molesto. Ahora imagínate lo que significa que te arrojen a un horno encendido eternamente. Es terrible, lo sé, pero es lo que les espera a aquellos que rechacen el nombre de Cristo.

Para el hombre es imposible pagar la deuda adquirida por el pecado, y solo nos queda esperar por esa condena. Aun si los siete mil millones de personas que somos en el mundo le entregáramos dinero a una sola persona, y esta persona lo invirtiera en buenas obras, no podríamos comprar la salvación ni siquiera de un solo hombre. Puede parecer un escenario muy desesperanzador, pero es el escenario que enfrentamos sin Cristo de por medio. Aquí parece muy pertinente decir la famosa frase de la serie "El Chapulín Colorado": "Y ahora, ¿quién podrá defendernos?".

> **—YO SOY EL CAMINO, LA VERDAD Y LA VIDA —LE CONTESTÓ JESÚS—. NADIE LLEGA AL PADRE SINO POR MÍ.**
>
> *Juan 14:6*

Jesús no dice "Yo soy un camino". Él dice "**Yo soy el camino**", es decir, que no hay otro camino por donde puedas llegar al Padre. Luego afirma categóricamente que Él también es la **verdad**; eso quiere decir que todo lo que hay fuera de Él es mentira. Finalmente agrega que es *"la vida"*, y la vida es la unión con el Padre. Recordemos que nadie va al Padre si no es por Jesús, así que cumplir con la Gran Comisión predicando el evangelio será una tarea fundamental en nuestra vida para dar a conocer a Jesús.

Esta es la tercera verdad que debes creer: Jesús es la única opción que tenemos para restaurar nuestra relación con el Padre. Él pagó la deuda que nos separaba.

4. DEBEMOS RECIBIR A JESUCRISTO COMO SEÑOR Y SALVADOR.

No solamente debemos creer que Jesús es el hijo de Dios. Dice la Biblia que los demonios creen y saben que Jesús es el hijo de Dios, e incluso tiemblan ante Él. Además de creer, hay que seguirlo y hacerlo el Señor de nuestra vida. La palabra "Señor" en el griego es **kyrios**, que significa "nuestra máxima autoridad, nuestro dueño".

Cuando la Palabra dice que debemos confesar a Jesús como Señor, te está diciendo que tú no te perteneces a ti mismo, tú le perteneces a Jesús. Implica también que, como máxima autoridad, tú debes obedecer a lo que Él diga sin refutarlo.

> **MAS A CUANTOS LO RECIBIERON, A LOS QUE CREEN EN SU NOMBRE, LES DIO EL DERECHO DE SER HIJOS DE DIOS.**
>
> *Juan 1:12*

Qué claridad en la Palabra. Como ya dijimos, creer es obedecer; por lo tanto, tú obtienes el derecho de ser hijo de Dios cuando crees, es decir, cuando obedeces. Observemos, entonces, lo que dice Romanos 10:9:

"Que, si confiesas con tu boca que Jesús es el Señor y crees en tu corazón que Dios lo levantó de entre los muertos, serás salvo".

Préstale atención a esto: *"si confiesas con tu boca que Jesús es tu **kyrios** (tu dueño y autoridad) y crees (obedeces) en tu corazón que Dios lo levantó entre los muertos, serás salvo (salvado del infierno y tendrás vida eterna)"*. Esta Palabra no nos dice *"el que dice con su boca que Jesús es el Señor..."*. Es ahí donde muchos se equivocan, porque no son salvos los que *"dicen con su boca"*, sino el que ***"confiesa con su boca"***.

Una confesión es reconocer una verdad que no puede ser negada ni revocada; porque si pudiera ser negada o revocada, sería una mentira o una falsa confesión. Una confesión se da cuando tú sacas una verdad al descubierto. Así, tú reconoces quién es tu dueño, y reconoces a quién obedeces; entonces, tiene mucho sentido cuando Jesús afirma ***"por sus frutos los conocerán"***. Ese fruto de obediencia es lo que te identifica como un verdadero hijo de Dios.

Esa obediencia significa haber renunciado a nuestro antiguo **kyrios**, porque antes de tener a Dios como Señor y Salvador es un hecho que teníamos un antiguo dueño (**kyrios**) que no era Dios. Para algunos eran sus malos deseos, para otros era el dinero, para otros era una relación sentimental.

¿Cuál es la razón por la cual pecas si Dios te dice que no lo hagas? Ese es el ídolo que tienes que dejar para seguir a Jesucristo. En eso consiste confesar con tu boca y con tu corazón que Jesús es el Señor, es decir, tu **kyrios**. Dejar antiguas formas de vivir duele, y la verdad es que nunca nos vamos a sentir preparados para hacerlo. Eso tiene que ser como quitarse esas pequeñas bandas adhesivas que protegen las pequeñas heridas: de un solo tirón, porque si nos detenemos a pensarlo, quizá tardemos en hacerlo, o en el peor de los casos no lo hacemos.

> CUANDO JESÚS ESTABA YA PARA IRSE, UN HOMBRE LLEGÓ CORRIENDO Y SE POSTRÓ DELANTE DE ÉL. —MAESTRO BUENO —LE PREGUNTÓ—, ¿QUÉ DEBO HACER PARA HEREDAR LA VIDA ETERNA? —¿POR QUÉ ME LLAMAS BUENO? —RESPONDIÓ JESÚS— NADIE ES BUENO SINO SOLO DIOS. YA SABES LOS MANDAMIENTOS: "NO MATES, NO COMETAS ADULTERIO, NO ROBES, NO PRESENTES FALSO TESTIMONIO, NO DEFRAUDES, HONRA A TU PADRE Y A TU MADRE". —MAESTRO —DIJO EL HOMBRE—, TODO ESO LO HE CUMPLIDO DESDE QUE ERA JOVEN. JESÚS LO MIRÓ CON AMOR Y AÑADIÓ: —UNA SOLA COSA TE FALTA: ANDA, VENDE TODO LO QUE TIENES Y DÁSELO A LOS POBRES, Y TENDRÁS TESORO EN EL CIELO. LUEGO VEN Y SÍGUEME. AL OÍR ESTO, EL HOMBRE SE DESANIMÓ Y SE FUE TRISTE, PORQUE TENÍA MUCHAS RIQUEZAS.
>
> *Marcos 10:17-19*

Este pasaje bíblico es hermoso. La gran pregunta de la vida eterna era una gran duda que tenían los judíos en ese tiempo. Ellos eran instruidos, sabían perfectamente de la caída del hombre, pero también sabían que necesitaban un Mesías para acercarse al Padre.

Pero vayamos al inicio de este diálogo, cuando el hombre pregunta "Maestro bueno...". Nota que en la respuesta **"Nadie es bueno sino solo Dios"**, Jesús estaba dejando muy en claro el estándar de bueno. Si el estándar de bondad es Dios, ninguno de nosotros podría ser bueno. Puede haber personas "buenas", pero en referencia a otros que son más malos.

Posteriormente, Jesús lo conmina a que siga los mandamientos, a lo que el hombre responde *"todo eso lo he cumplido desde que era joven"*. Nota que esa es la misma excusa que usa la gente en la actualidad cuando se creen buenos, cuando creen que a través de obras buenas ya se han ganado el cielo. Sin embargo, Jesús le dice que le faltaba una sola cosa: vender todo lo que tenía y dárselo a los pobres.

¿Era esto lo que le faltaba al hombre? No. Con esto Jesús solo quiso poner en evidencia cuál era el **kyrios** de ese hombre: las posesiones y el dinero. Después de eso vino realmente "eso que le faltaba": seguirlo. ¿Podía ese hombre hacerlo? No, si es que no estaba dispuesto a dejar su **kyrios** y hacer de Jesús su nuevo **kyrios**. Al final se evidenció que aquel hombre tenía arraigado lo material como su **kyrios**, ya que –dice la Escritura– "el hombre se desanimó y se fue triste".

UN CASO MUY ESPECIAL: CHICK-FIL-A

Si hablamos de un hombre que en los tiempos de Jesús no estaba dispuesto a soltar su **kyrios**, que era el dinero, no podemos terminar este capítulo sin dejar de mencionar a una cadena de comida rápida llamada Chick-Fil-A.

Déjame contarte algo sobre ella. El fundador se llamó S. Truett Cathy, y abrió el primer restaurante Chick-Fil-A en 1967, en el Centro Comercial Greenbriar de Atlanta. Hoy en día Chick-Fil-A está a lo largo de Estados Unidos con más de 2,400 restaurantes.

Los clientes pueden encontrar Chick-fil-A dentro de aeropuertos, centros comerciales, campus universitarios, en el corazón de Manhattan y ubicado entre miles de calles concurridas que conectan vecindarios en 47 estados y Washington DC.

Te preguntarás, ¿tiene alguna relevancia esto en mi vida espiritual? La respuesta es sí, ya que Chick-Fil-A no trabaja los domingos. Ese es el día en que más venden las cadenas de comida rápida, pero su fundador decidió que su **kyrios** no era el dinero, así que buscó honrar a Dios guardando el Día del Señor.

En su página web se puede leer "Truett vio la importancia de cerrar los domingos para que él y sus empleados pudieran reservar un día para descansar y adorar si así lo deseaban, una práctica que mantenemos hoy".

Truett Cathy buscó honrar a Dios, y eso lo llevó a ser una cadena de gran crecimiento, porque el que honra a Dios, Él lo honra. Su objeto social, también en la página web, dice: "Glorificar a Dios siendo un mayordomo fiel de todo lo que se nos confía y tener una influencia positiva en todos los que entran en contacto con Chick-fil-A".

Llegó la hora de que renuncies a aquello que no te permite seguir a Jesucristo al cien por ciento. Renuncia a dejar de lado la iglesia porque el domingo tienes que trabajar o porque deseas ir a visitar a un pariente. Renuncia de todo corazón a aquello que se ha convertido en tu **kyrios** y que no te da la paz que solo Jesús te puede dar. ¿Serás capaz de tomar una decisión que afectará tu vida para siempre? Yo creo que sí.

Ya te he dado las 4 leyes espirituales: 4 verdades que debes creer. Te invito a que por medio de una oración accedas a tu salvación (el

LA DISCIPLINA ES UNA CAPACIDAD QUE PUEDE Y DEBE SER DESARROLLADA.

perdón de tus pecados) y la restauración de tu relación con el Padre. Recuerda que el único requisito es darle tu corazón a Jesús. Pero no una parte, sino el 100%. Jesús nos exige una relación sin límites.

Solo piensa en cuando alguien se casa. Si esta persona le ofrece el 90% de su corazón a su pareja y el otro 10% lo reserva para amantes, ¿sería esto aceptable? Claro que no. El matrimonio exige un compromiso del 100% o es adulterio. Lo mismo ocurre con nuestra relación con Jesús. Si le ofrecemos seguirle y obedecerle en un 90%, pero el otro 10% lo usamos para la práctica de algunos pecados, le estamos ofreciendo una relación adúltera, lo cual no es aceptable; es ofensivo. La Biblia llama esto tibieza, y nos dice que los que actúen así serán vomitados del cuerpo de Cristo.

> CONOZCO TUS OBRAS; SÉ QUE NO ERES NI FRÍO NI CALIENTE. ¡OJALÁ FUERAS LO UNO O LO OTRO! POR TANTO, COMO NO ERES NI FRÍO NI CALIENTE, SINO TIBIO, ESTOY POR VOMITARTE DE MI BOCA.
>
> Apocalipsis 3:15-16

Estas cuatro leyes espirituales han sido inspiradoras, ¿no es así? Ya estamos ubicados correctamente, así que ahora nos toca profundizar en las disciplinas espirituales que nos van a permitir conectarnos de una forma sobrenatural con Dios.

CAPÍTULO 3

DISCIPLINA ESPIRITUAL #1

LA ORACIÓN

El área espiritual es lo primero que debe estar bien en nuestro Jeep para poder andar. Es nuestro motor y necesita combustible. Este combustible lo vamos a representar a través de cinco disciplinas espirituales absolutamente necesarias para que nuestro motor entre en funcionamiento. Para empezar a hablar de estas cinco disciplinas, hablemos primero de lo que significa la disciplina.

La disciplina es una capacidad que puede y debe ser desarrollada. Nadie nace con disciplina; absolutamente todos nacemos indisciplinados. La buena noticia es que esta se desarrolla. La disciplina no es algo que solo pueden disfrutar algunos privilegiados. Deja de mirar a algunas personas disciplinadas y pensar: "¡Cómo me gustaría ser así!". Esto es para todos. Tú puedes ser una persona disciplinada. Sin embargo, esto implica una actuación ordenada y perseverante de tu parte.

Piensa en cualquier disciplina que has decidido poner en práctica; puede ser el gimnasio o aprender a tocar un instrumento musical. Todos empezamos emocionados, pero poco a poco encontramos pereza, aburrimiento, y empezamos a buscar excusas para dejar de tener la perseverancia que nos permita conseguir el objetivo.

Los únicos que desarrollan la disciplina son los que no les hacen caso a estas "razones" y ponen la mirada fija en la meta. Por ejemplo, muchos de los que han decidido ser disciplinados en su alimentación llegan al fatídico día donde dicen, "solo por hoy me voy a dar el gustito de comer esto". Allí nos estamos dejando llevar por la indisciplina, y esta, obviamente, es el peor enemigo de la disciplina.

¿Cómo logramos ser personas disciplinadas? Retrocedamos un poco y volvamos a mencionar esta frase que quisiera que usted recuerde y se repita toda su vida: vivir por principios y no por emociones. No vivas por emociones, porque ellas siempre te van a llevar por el desierto del fracaso. Toda vez que emprendas algo, siempre te vas a encontrar que tu emoción te dirá "ya no más, me aburrí". De lo que se trata es de no hacerle caso a las emociones, y hacer las cosas por principios, lo que te llevará a ser verdaderamente perseverante.

Hay una fascinante historia en la Biblia que me gustaría compartir contigo, la historia de Eleazar:

> **EN SEGUNDO LUGAR, ESTABA ELEAZAR HIJO DE DODÓ EL AJOJITA, QUE TAMBIÉN ERA UNO DE LOS TRES MÁS FAMOSOS. ESTUVO CON DAVID CUANDO DESAFIARON A LOS FILISTEOS QUE SE HABÍAN CONCENTRADO EN PASDAMÍN PARA LA BATALLA. LOS ISRAELITAS SE RETIRARON, PERO ELEAZAR SE**

DISCIPLINA ESPIRITUAL #1

> **MANTUVO FIRME Y DERROTÓ A TANTOS FILISTEOS QUE, POR LA FATIGA, LA MANO SE LE QUEDÓ PEGADA A LA ESPADA. AQUEL DÍA EL SEÑOR LES DIO UNA GRAN VICTORIA. LAS TROPAS REGRESARON ADONDE ESTABA ELEAZAR, PERO SOLO PARA TOMAR LOS DESPOJOS.**
>
> *2 Samuel 23:9-10*

Esta es una verdadera historia de perseverancia aun en las circunstancias más difíciles. Dice la Palabra que él "se mantuvo firme", y a causa de eso derrotó a los filisteos. Si ves algunas palabras más atrás, verás que el versículo dice que los israelitas se retiraron, ¡pero él se mantuvo perseverante! Lo más impresionante viene después: por la fatiga, la mano se le quedó pegada a la espada.

Hoy quiero animarte a que seas un Eleazar, a que tengas impregnada en tu vida la Palabra del Señor de tal manera que, como Eleazar, se te quede pegada para tus batallas. Lo mismo tiene que pasar con la oración y con todas aquellas cosas que el Señor te da para que te acerques a Él.

Luego de tener un panorama más claro alrededor de lo que significa la disciplina, empecemos a detallar las cinco disciplinas espirituales que necesitamos para que nuestro motor, el área espiritual, marche en muy buenas condiciones.

Orar es algo tan sencillo como conversar con Dios. Es sorprendente, pero muchos no entienden este principio y dicen cosas como "yo no sé orar". Si orar es solo conversar con Dios, desde que tienes la capacidad de proferir una sola palabra, ya estás en la capacidad de orar, y hacerlo bien.

No importa la voz que tengas ni la elocuencia que no tengas, lo que importa es que seas tú mismo delante del Padre. Ojo, que la Palabra de Dios tampoco dice "para orar tienes que cambiar la voz", porque hay algunas personas que van a orar ¡y de pronto se les aparece una tremenda voz de *discjockey*! Eso no debe intimidarte, solo sé tú mismo ante el Padre. Orar es simplemente hablar con Él.

> PERO TÚ, CUANDO TE PONGAS A ORAR, ENTRA EN TU CUARTO, CIERRA LA PUERTA Y ORA A TU PADRE, QUE ESTÁ EN LO SECRETO. ASÍ TU PADRE, QUE VE LO QUE SE HACE EN SECRETO, TE RECOMPENSARÁ. Y AL ORAR, NO HABLEN SOLO POR HABLAR COMO HACEN LOS GENTILES, PORQUE ELLOS SE IMAGINAN QUE SERÁN ESCUCHADOS POR SUS MUCHAS PALABRAS. NO SEAN COMO ELLOS, PORQUE SU PADRE SABE LO QUE USTEDES NECESITAN ANTES DE QUE SE LO PIDAN.
>
> *Mateo 6:6-7*

No son las muchas palabras las que mueven el corazón de Dios, sino el ser completamente sinceros y abiertos con Él. Dios sabe lo que le vas a pedir antes de que se lo pidas, sin embargo, es importante que se lo pidas. Es importante que no te enfoques en las otras personas que quizá puedan estar a tu lado; concéntrate en Dios, y dirígete a Él con reverencia.

Ora con confianza, Él es el Todopoderoso. No hay oración que le quede grande, por lo tanto, no hay oración que por algún motivo dejes de hacer. Aunque te suene absurdo por el tipo de pedido, dirígete a Él con fe y déjate sorprender. Aprende a pedirle a Dios cosas imposibles, recordando en todo momento que Él es tu proveedor, que su voluntad es perfecta y que sabe qué es lo mejor para cada uno de nosotros.

Ya que Él sabe qué es lo mejor, piensa en esto: si le pides algo a Dios y te da lo contrario, es porque a ti realmente te convenía lo contrario. Siempre me quedo en paz después de orar a Dios, porque si le pido algo y eso no ocurre, sé que lo que me enviará será mejor de lo que yo le pedí.

Lo más importante de la oración es que significa pasar tiempo con Dios, pasar tiempo en su presencia, y eso definitivamente nos transforma. Cuando tú pasas tiempo con una persona, eres influenciado por ella. Piensa en tus amistades. Quizá adquiriste hábitos que no tenías como escuchar cierto tipo de música, tomar café, ver cierto tipo de películas; pero todo ello ha sido resultado de la influencia de esas personas, porque simplemente pasaste tiempo con ellas.

> **EL QUE CON SABIOS ANDA, SABIO SE VUELVE; EL QUE CON NECIOS SE JUNTA, SALDRÁ MAL PARADO.**
>
> *Proverbios 13:20*

> **NO SE DEJEN ENGAÑAR: «LAS MALAS COMPAÑÍAS CORROMPEN LAS BUENAS COSTUMBRES».**
>
> *1 Corintios 15:33*

Cuando pasas tiempo con Dios, inevitablemente eres influenciado por Él, y empiezas a pensar parecido a Dios, empiezas a ver las cosas como Dios las ve y tu fe se incrementa. Puedes llegar con un tremendo problema ante Dios, se lo presentas, pasas tiempo con Él derramando tu corazón, y de pronto te das cuenta de que empezaste a ver el problema desde la perspectiva que Él la ve. De pronto te das cuenta de que eso que te parecía un problema, ahora lo estás viendo como una oportunidad.

Todos los personajes bíblicos que hicieron grandes hazañas tenían algo en común: eran personas de oración, dialogaban y pasaban tiempo con Él. Empezaron a ver a esos gigantes como una oportunidad para que Dios se mostrara en todo su esplendor, y por eso empezaron a vivir milagros.

Recuerda, por ejemplo, a David. Un simple pastor, muy jovencito, que invertía muy bien su tiempo componiendo sus alabanzas a Dios y que fue formando su espíritu y su mente de acuerdo a los estándares de Dios. Él era solo un pastorcillo que no tenía cualidades de guerrero. Por eso fue llamado por su padre para que les llevara el alimento a sus hermanos guerreros, y se encuentra con una situación **sui generis**.

Un gigante llevaba 40 días teniendo en zozobra a un rey, y a todo un pueblo acobardado. Nadie en el pueblo de Israel se atrevía a hacerle frente por su estatura, su fama y su apariencia. Pero llegó este jovenzuelo, que gracias a que tenía intimidad con Dios pensaba como Él, se identificaba con Él, y no dudó en decirle al rey Saúl:

> SI ESTE SIERVO DE SU MAJESTAD HA MATADO LEONES Y OSOS, LO MISMO PUEDE HACER CON ESE FILISTEO PAGANO, PORQUE ESTÁ DESAFIANDO AL EJÉRCITO DEL DIOS VIVIENTE. EL SEÑOR, QUE ME LIBRÓ DE LAS GARRAS DEL LEÓN Y DEL OSO, TAMBIÉN ME LIBRARÁ DEL PODER DE ESE FILISTEO.
>
> *1 Samuel 17:36-37*

Esta es una muestra de lo que pasa cuando permanecemos en intimidad con Dios. David nunca vio un gigante invencible, él vio una inmensa oportunidad de mostrar el poder del Dios al que servía.

DISCIPLINA ESPIRITUAL #1

> ALGUNOS DECÍAN: «¿VEN A ESE HOMBRE QUE SALE A DESAFIAR A ISRAEL? A QUIEN LO VENZA Y LO MATE, EL REY LO COLMARÁ DE RIQUEZAS. ADEMÁS, LE DARÁ SU HIJA COMO ESPOSA, Y SU FAMILIA QUEDARÁ EXENTA DE IMPUESTOS AQUÍ EN ISRAEL».
>
> *1 Samuel 17:25*

Imagino que David se preguntaba, "¿por qué nadie aprovecha esta oportunidad?". David había sido influenciado por Dios y pensaba como Dios, en cambio, el resto de los combatientes, entre los que se hallaban los hermanos de David, estaban completamente atemorizados y les resultaba imposible encontrar una oportunidad en medio del temor. ¡Y sin fe es imposible agradar a Dios!

No importa cómo llegues ante Dios, no importa si eres muy elocuente o si eres de pocas palabras. No importa si llegas tartamudeando o si llegas con las ideas ordenadas y hablas con suma claridad. Importa que derrames el corazón delante de Él y, como hijo, tengas la confianza de decirle lo que necesitas.

Pasa lo mismo cuando nuestros hijos son pequeños y llegan delante de nosotros a pedirnos algo. Quizá en su incipiente lenguaje apenas se dejan entender y te dicen que tienen hambre. ¿Qué es lo que haces tú como padre? En primer lugar, estás feliz de que tu hijo se dirija a ti, también celebras cada palabra dicha a medias por tu pequeño, y luego no haces otra cosa que satisfacer sus necesidades.

> PUES SI USTEDES, AUN SIENDO MALOS, SABEN DAR COSAS BUENAS A SUS HIJOS, ¡CUÁNTO MÁS SU PADRE QUE ESTÁ EN EL CIELO DARÁ COSAS BUENAS A LOS QUE LE PIDAN!
>
> *Mateo 7:11*

Después de pensar en cómo amas a tu hijo, y después de leer este versículo, creo que ya puedes imaginarte cómo está Dios delante de ti cuando te acercas en oración y te derramas delante de Él. Y si la pregunta es ¿cada cuánto debemos orar?", simplemente pregúntaselo a la Biblia.

> OREN EN EL ESPÍRITU EN TODO MOMENTO, CON PETICIONES Y RUEGOS. MANTÉNGANSE ALERTA Y PERSEVEREN EN ORACIÓN POR TODOS LOS SANTOS.
>
> *Efesios 6:18*

¿Te intimida que la Biblia diga "en todo momento"? ¿Sabes qué te está diciendo Dios aquí? Que seas consciente de que Él está contigo en todo tiempo, por lo tanto, tienes que estar en constante contacto con Él y dependiendo de Él. Déjame darte un ejemplo. Es como si un esposo viene y me dice, "¿cuántas veces debo llamar a mi esposa?". ¡Todo el día! A mí me gusta mantener a mi esposa informada de lo que sucede; y, por supuesto, a las mujeres les encanta saber todo sobre sus maridos. ¡Incluso hacen preguntas como "¿qué almorzaste?". ¿Será que están llevando cuentas de las calorías que uno come?

Pero volvamos a lo que dice Pablo: "Oren en todo momento". Eso quiere decir que cuando viajes en tu carro, involucra al Señor a través de las canciones que escuchas. Cuando estés en el trabajo, pregúntale cuál es la mejor forma en las que puedes realizar el encargo profesional que tienes. Mantente en comunión, en comunicación con tu Padre Celestial. Haz a Dios parte de tu vida.

CAPÍTULO 4

DISCIPLINA ESPIRITUAL #2

LECTURA DE LA BIBLIA

¿Crees que pueda haber gente que piensa que la Biblia es aburrida? Sí, hay gente que lo piensa. Incluso tú podrías ser uno de ellos. Pero no se trata del libro, se trata del lector. Claro, también es un hecho que hay que ser sabio para empezarla a leer; por eso, no se te ocurra empezar por Levítico (el tercer libro de la ley o Pentateuco en el Antiguo Testamento, por si no sabes a qué me refiero).

Pero si no eres un dedicado lector de la Biblia, no estoy acá para juzgarte, pero sí para decirte que en la Biblia encuentras sabiduría, enseñanzas, increíbles historias, pero también algo que te llenará: promesas.

Dios tiene muchas promesas para ti, y es hora de que las conozcas para poder pedirle a Dios que cumpla en tu vida aquellas promesas. Tú puedes presentarte delante de Dios y decirle, "esto dice tu Palabra, todo lo que tú prometes es cierto, y lo quiero para mí".

La Biblia es la Palabra de Dios, y algunos la llaman "el Manual del Creador". Por eso es que el apóstol Pablo, al escribirle a Timoteo, le dice lo siguiente:

> TODA LA ESCRITURA ES INSPIRADA POR DIOS Y ÚTIL PARA ENSEÑAR, PARA REPRENDER, PARA CORREGIR Y PARA INSTRUIR EN LA JUSTICIA, A FIN DE QUE EL SIERVO DE DIOS ESTÉ ENTERAMENTE CAPACITADO PARA TODA BUENA OBRA.
>
> 2 Timoteo 3:16

Como Manual del Creador, la Biblia te enseñará cómo ser esposo, ser padre, buen trabajador y buen empresario. Darás fruto en todas las áreas y estarás enteramente capacitado para toda buena obra.

Nosotros empezamos nuestro caminar cristiano confesando que Él es nuestro Señor y Salvador. Siendo así, le debemos obediencia, y para obedecerlo necesitamos conocer cuál es su voluntad o, mejor dicho, cuáles son sus órdenes, y eso lo haces solo a través de su Palabra.

Hay que conocer para ser fiel. Para aplicar a la ciudadanía de los Estados Unidos, los aspirantes tienen que tomar un *Civil Test*, un examen de preguntas acerca del gobierno y de la historia de los Estados Unidos. Es un requisito indispensable, puesto que en algún momento los aspirantes a ciudadanos van a jurar lealtad a los Estados Unidos.

> **DIOS TIENE MUCHAS PROMESAS PARA TI, Y ES HORA DE QUE LAS CONOZCAS Y PIDAS A DIOS QUE LAS CUMPLA EN TU VIDA.**

¿No te parece justo y necesario que antes de jurar lealtad a un país cuya nacionalidad deseas adquirir conozcas su historia, las políticas sobre las cuales se rige y las obligaciones que adquieres? Desconocer todo ello te imposibilita el obedecer.

¿Cómo, entonces, podemos ser obedientes a Dios si no conocemos su Palabra? Observa lo que dice el profeta:

> PUES POR FALTA DE CONOCIMIENTO MI PUEBLO HA SIDO DESTRUIDO. PUESTO QUE RECHAZASTE EL CONOCIMIENTO, YO TAMBIÉN TE RECHAZO COMO MI SACERDOTE. YA QUE TE OLVIDASTE DE LA LEY DE TU DIOS, YO TAMBIÉN ME OLVIDARÉ DE TUS HIJOS.
>
> Oseas 4:6

No hay otra vía para cumplir la voluntad de Dios. Es solo conociendo su Palabra. El desconocimiento de ella solo te traerá la ruina y el caos. Tu responsabilidad, por mandato de tu rey, está escrita aquí:

> RECITA SIEMPRE EL LIBRO DE LA LEY Y MEDITA EN ÉL DE DÍA Y DE NOCHE; CUMPLE CON CUIDADO TODO LO QUE EN ÉL ESTÁ ESCRITO. ASÍ PROSPERARÁS Y TENDRÁS ÉXITO.
>
> Josué 1:8

Estuvimos hablando en la primera disciplina espiritual, la oración, sobre la importancia de la comunicación con el Señor. Pero veamos lo que significa comunicación: intercambio de información entre dos o más participantes. Eso quiere decir que para comunicarnos con Dios tiene que haber un intercambio de información entre Él y nosotros.

Por lo tanto, para estar comunicados con Dios no es suficiente la oración, debemos también recibir información de Él, y como la Biblia es la Palabra de Dios, cuando tú la lees, oyes a Dios. En resumen, leer la Biblia es oír a Dios, y no leerla es ignorarlo.

Cuando ves tu Biblia en la mesa de noche de tu habitación y piensas "qué pereza leerla", mi consejo es que inmediatamente apliques el principio que hemos mencionado en varias ocasiones: "vivo por principios y no por emociones", de manera que entiendas la importancia de abrir tu Biblia y meditar en ella. De lo contrario estarás viviendo regido por las emociones, y eso no traerá fruto positivo a tu vida.

La definición de Biblia que personalmente más me gusta es esta: "La Biblia es el corazón de Dios", por lo tanto, leerla es conocerlo a Él; y lo más hermoso de Dios es que Él no cambia. Si nosotros escribiéramos nuestro corazón, creo que tendríamos que borrar todos los días y volver a escribir. Hay cosas que hoy me gustan y que ayer no me gustaban. En cambio, Dios en su Palabra dice que nos ama. Llegará el día de mañana en que nosotros nos sentiremos el ser más miserable del mundo porque hemos pecado, acudiremos a Dios y el nuevamente, con ese corazón que no cambia, nos dirá, "yo te amo".

> **LA BIBLIA ES EL CORAZÓN DE DIOS, POR LO TANTO, LEERLA ES CONOCERLO A ÉL.**

Cuando dejas de leer la Biblia, dejas de escucharlo, y cuando tienes ese vacío quien se encarga de llenarlo es el diablo con sus mentiras. Su único propósito es robar, matar y destruir; y sabe que cuando nos alejamos de Dios estamos vulnerables a oír sus engaños. Esa será la estrategia siempre. Es lo mismo que pasó con Eva en el Jardín del Edén cuando escuchó los susurros de la serpiente. La indispuso contra Dios diciéndole que había un fruto muy apetecible que Dios se lo prohibía, pero que en realidad le traería mucha satisfacción. Entonces ella oyó a Satanás y ocurrió la debacle.

> **PARA COMUNICARNOS CON DIOS TIENE QUE HABER UN INTERCAMBIO DE INFORMACIÓN ENTRE ÉL Y NOSOTROS.**

¿Llegas a entender lo que pasa cuando conocemos a Dios a través de su Palabra? Es sencillo. El diablo no tiene ninguna oportunidad de hacernos caer en sus mentiras, porque sabemos perfectamente quién es nuestro Dios. Si el enemigo te dice "Dios te ha abandonado", debes responderle: "No, Él me dijo jamás te dejaré, jamás te abandonaré". Eso solo va a pasar si lees su Palabra y atesoras el corazón de Dios.

Oración y lectura de la Biblia… ¡qué tremenda combinación! Hasta aquí parece que tenemos las dos disciplinas espirituales necesarias para que nuestro motor funcione a las mil maravillas, sin embargo, al comienzo del capítulo dijimos que son cinco disciplinas. Revisemos los otros tres y seamos fortalecidos.

CAPÍTULO 5

DISCIPLINA ESPIRITUAL #3

CONGREGARSE EN LA IGLESIA

Leer la Biblia y orar son dos pilares fundamentales para nuestra vida espiritual, pero déjame mostrarte ahora otras disciplinas que algunas personas suelen dejar de lado por diversas razones. Hoy te mostraré su importancia, y las razones por las que Dios quiere que estés atento a ellas.

> **NO DEJEMOS DE CONGREGARNOS, COMO ACOSTUMBRAN HACERLO ALGUNOS, SINO ANIMÉMONOS UNOS A OTROS, Y CON MAYOR RAZÓN AHORA QUE VEMOS QUE AQUEL DÍA SE ACERCA.**
>
> Hebreos 10:25

Congregarnos e ir a la iglesia no debe ser opcional para el cristiano, es un acto de obediencia a Dios. Sin embargo, parece que algunas personas tienen como frase de combate "yo voy a la iglesia de 'mes' en cuando".

Congregarnos es plantarnos en una tierra, y eso es fundamental para que nosotros demos fruto. Recuerda que las personas que querían un milagro se tenían que acercar hasta Jesús, hasta su cuerpo; y hoy las cosas no han cambiado. Si tú quieres gozar de las bendiciones del Señor, tienes que acercarte a Él, a su cuerpo, que es la iglesia.

> ¿ESTÁ ENFERMO ALGUNO DE USTEDES? HAGA LLAMAR A LOS ANCIANOS DE LA IGLESIA PARA QUE OREN POR ÉL Y LO UNJAN CON ACEITE EN EL NOMBRE DEL SEÑOR.
>
> Santiago 5:14

¿Te has dado cuenta de lo que dice el Señor? Si estás enfermo (en cualquier área de tu vida, puede ser que tu matrimonio no esté muy bien), tienes que acercarte a la iglesia, someterte a tus autoridades y recibir el milagro que quieres para tu vida.

Las personas que andan de iglesia en iglesia el único fruto que llegan a dar es desarrollar raíces débiles, y eso provoca que sean arrancados de inmediato del lugar donde estaban plantados para ser plantados en otro lugar. Por eso es importante que te identifiques con una iglesia, porque Dios te quiere en una iglesia.

UN BUEN MATRIMONIO NO SE COMPONE DE PERSONAS QUE NO SE FALLAN, SINO DE DOS PERSONAS QUE SE PERDONAN.

Cuando recién iniciamos con mi esposa la iglesia **Full Life**, solo éramos ella y yo, es decir, que, si uno de los dos faltaba, media iglesia no iba (gracias a Dios, no faltamos nunca). En ese momento el Señor nos habló con claridad a ambos.

Nos dijo: "No quiero personas que los estén siguiendo a ustedes, yo quiero personas que me sigan a mí". Por esta razón, cuando llegaban las primeras personas, como en cualquier iglesia naciente, nos emocionábamos muchísimo; pero también obedeciendo a Dios, y en contra de mi voluntad, yo les decía, "Pídele a Dios que te confirme que esta es tu iglesia".

Me costaba tremendamente decir eso, pero recordaba en todo momento el camino que nos había trazado el Señor al decirnos "tienen que vivir por principios y no por emociones". Pero también me preguntaba, "¿qué pasaría si Dios no le confirmaba a esa persona que viniera a nuestra iglesia?".

Esas personas parecían no entender lo que les decíamos, pero después regresaban y me decían, "Pastor, mire la Palabra que Dios me dio confirmándome que esta es mi iglesia". Eso me daba una gran tranquilidad, porque me aseguraba que, si yo algún día les fallaba, ellos no se irían porque no estaban en la iglesia por mí, sino siguiendo al Señor.

Si es Jesús el que te lleva a una iglesia, no hay razón para irse. Pero si te vas de una iglesia porque te falla una persona, tú no llegaste a esa iglesia siguiendo a Jesús sino a esa persona. Identifica dónde es la iglesia en la que Jesús te quiere. Hay una regla muy clara en las relaciones interpersonales: o se superan los inconvenientes o se acaban las relaciones. Nunca vas a encontrar en la Palabra algo como "no se fallen los unos a los otros". El Señor exige "perdónense los unos a los otros".

El matrimonio es un buen lugar para analizar cómo se da nuestra humanidad. Las parejas usualmente están pidiéndose a cada momento y en diversas formas "no me falles". Viven esperanzados en que la otra persona debe hacer las cosas bien y no fallar nunca, pero ese es un pedido imposible para un ser humano, porque todos fallamos continuamente. Deja de decirle a tu cónyuge "ya no me falles más con esto", y en vez de eso ten a flor de labios la frase "te voy a perdonar".

No le exijas a tu cónyuge lo que Jesús nunca te ha exigido. Él jamás te ha dicho "no me falles". Imagínate lo placentero que es, en un sentido figurativo, que le digas a tu cónyuge "tienes permiso para fallar, yo siempre te voy a perdonar". Un buen matrimonio no se compone de dos personas que nunca se fallan, sino de dos personas que se perdonan mutuamente.

Congregarte es mantenerte encendido espiritualmente. Cuando asistimos regularmente a la iglesia del Señor somos como troncos encendidos en una chimenea, pero si tú sacas de su lugar al tronco más grande y encendido, lo que empieza a suceder es que poco a poco se apaga porque necesita de los demás para mantenerse encendido. Es exactamente lo mismo que nos pasa a nosotros cuando dejamos de congregarnos.

> **LUEGO DIOS EL SEÑOR DIJO: «NO ES BUENO QUE EL HOMBRE ESTÉ SOLO. VOY A HACERLE UNA AYUDA ADECUADA».**
>
> *Génesis 2:18*

Como vemos, el primero que pensó que no era bueno que estemos solos fue Dios. Él puso ese anhelo en nuestros corazones. Este versículo no solo se refiere al matrimonio, sino a relaciones, a comunidad. Y nos revela que nos necesitamos los unos a los otros para dar fruto y que, efectivamente, es malo para el hombre y la mujer estar solos.

> **ES QUE JESÚS LE HABÍA ORDENADO AL ESPÍRITU MALIGNO QUE SALIERA DEL HOMBRE. SE HABÍA APODERADO DE ÉL MUCHAS VECES Y, AUNQUE LE SUJETABAN LOS PIES Y LAS MANOS CON CADENAS Y LO MANTENÍAN BAJO CUSTODIA, ROMPÍA LAS CADENAS Y EL DEMONIO LO ARRASTRABA A LUGARES SOLITARIOS.**
>
> *Lucas 8:29*

Recordemos que el diablo ha venido para matar, robar y destruir (ver Juan 10:10), ese es su permanente propósito. Todo lo que él haga va a ir en función a ese objetivo. Hacia el final de este versículo, es muy interesante observar que Satanás arrastraba al endemoniado a lugares solitarios. Eso es porque el diablo sabe que mientras estemos con compañía, animándonos unos a otros, sus planes de robar, matar y destruir nuestra vida se van a ir por los suelos. Cuando estamos solos es cuando estamos más débiles.

Ten mucho cuidado si el diablo te está apartando de la familia espiritual donde Dios quiere que te plantes.

> **PRACTIQUEN EL DOMINIO PROPIO Y MANTÉNGANSE ALERTA. SU ENEMIGO EL DIABLO RONDA COMO LEÓN RUGIENTE, BUSCANDO A QUIÉN DEVORAR.**
>
> *1 Pedro 5:8*

Es interesante que en este versículo se ponga al diablo en una comparación con el león. Este animal sabe que es poderoso, pero sabe también que no es más fuerte que una manada. Es por eso que después de crear confusión en la manada, el león espera que uno de los integrantes se separe y listo… ya tiene su presa servida para devorarla.

Esa es la trampa de Satanás. Cuando hay confusión lo que nunca debes hacer es separarte, porque cuando te apartas, en ese momento te estás separando de la manada, que es lo que te mantenía fuerte, y te estás convirtiendo en presa fácil de Satanás. Apartarte para salvarte de algo es caer en el engaño de Satanás, pero dentro de la manada eres intocable.

CAPÍTULO 6

DISCIPLINA ESPIRITUAL # 4

EL AYUNO

Estábamos en la mesa y Natán, uno de mis hijos, nos preguntó a mi esposa y a mi por qué no nos habíamos servido algo para desayunar. Le dijimos que no lo íbamos a hacer porque estábamos ayunando. Inmediatamente Natán nos dio la mejor definición que hasta ahora habíamos escuchado sobre el ayuno: ayunar es no comer para que Jesús te dé su fuerza y puedan ocurrir milagros.

> ALGUNOS LE DIJERON A JESÚS: —LOS DISCÍPULOS DE JUAN AYUNAN Y ORAN CON FRECUENCIA, LO MISMO QUE LOS DISCÍPULOS DE LOS FARISEOS, PERO LOS TUYOS SE LA PASAN COMIENDO Y BEBIENDO. JESÚS LES REPLICÓ: —¿ACASO PUEDEN OBLIGAR A LOS INVITADOS DEL NOVIO A QUE AYUNEN MIENTRAS ÉL ESTÁ CON ELLOS? LLEGARÁ EL DÍA EN QUE SE LES QUITARÁ EL NOVIO; EN AQUELLOS DÍAS SÍ AYUNARÁN.
>
> Lucas 5:33-34

Iba a llegar el día en que los discípulos de Jesús, tú y yo, teníamos que ayunar, y Jesús se estaba refiriendo al tiempo en el que Él volvería al Padre. En estos días Jesús ya está en el Padre. Eso quiere decir que en este tiempo nosotros tenemos que ayunar, es una disciplina espiritual que debemos desarrollar.

Cada uno de nosotros somos un ser trino, que nos componemos de cuerpo, alma y espíritu. Ese cuerpo es lo que nos sirve para relacionarnos en el nivel físico. El alma es donde están las emociones y las decisiones, es como la torre de control. Finalmente, el espíritu es la vía por la cual nosotros nos relacionamos con Dios.

Pero tenemos un pequeño problema en ese ser trino: ese cuerpo tiene una naturaleza caída, que desea hacer lo opuesto a lo que Dios quiere. El espíritu, en cambio, desea hacer lo que Dios quiere.

Lo que hacemos con el ayuno es dejar de alimentar al cuerpo, para debilitarlo, y en lugar de eso alimentamos el espíritu, para fortalecerlo. Cuando nuestro espíritu está más fuerte que la carne, esto nos permite alabar a Dios, escuchar su voz y entrar en intimidad con Él. También se desatan milagros y podemos encontrar el favor de Dios.

El ayuno más común consiste en dejar de comer, y en ese tiempo hacer actividades espirituales que fortalezcan esa área de mi vida, porque si tú solo dejas de comer, eso es simplemente una dieta.

¿Cuándo debemos ayunar? La Palabra de Dios dice que debemos hacerlo de manera periódica. Recomiendo hacerlo cuando estés por tomar una decisión importante o cuando sientas que las cosas se están enfriando espiritualmente en tu vida.

¿Necesitas un milagro? Ayuna.

CAPÍTULO 7

DISCIPLINA ESPIRITUAL #5

EL DIEZMO

Parece que hablar de dinero en la iglesia es una de las cosas que más incomoda a las personas. Yo creo que eso ocurre porque lo que más compite con el señorío de Jesús sobre nuestra vida es el dinero.

> PORQUE EL AMOR AL DINERO ES LA RAÍZ DE TODA CLASE DE MALES. POR CODICIARLO, ALGUNOS SE HAN DESVIADO DE LA FE Y SE HAN CAUSADO MUCHÍSIMOS SINSABORES.
>
> 1 Timoteo 6:10

¿Por qué la gente roba, miente o asesina? Por dinero. ¿Por qué se acaban los matrimonios o no se hablan entre hermanos? Por dinero. O sin tomar en cuenta los males, pensemos en esto: si alguien está a punto de decidir entre dos trabajos, ¿qué es lo que mueve la aguja para tomar alguna decisión? El dinero.

El dinero se ha vuelto tan importante para este mundo que la persona que pierde un trabajo, pasa por una situación equivalente a la persona que pierde un ser amado. ¿Por qué pasa esto? Porque la gente atribuye al dinero su bienestar, y con esto están poniendo al dinero por encima de Dios. Se asume que la paz, la tranquilidad y un buen estado de ánimo van a depender solamente de que haya dinero. Eso evidencia que quien reina en el corazón no es el Señor.

El simple hecho de que en la iglesia haya algunas personas que les moleste que se les hable de dinero, evidencia que hay un ídolo en su corazón: el dinero. Ese amor al dinero hace que nosotros no dependamos de Dios como nuestro proveedor.

Piensa en este ejemplo: estás a punto de perder tu trabajo y lo primero que se te viene a la cabeza es "¿qué voy a hacer ahora? ¡No tengo dinero!". Eso es lo normal que piensan todos; pero ahora hagamos una variante e imaginemos que tienes un millón de dólares en tu cuenta. ¿Cuál sería la reacción que tendrías? Imagino que algo así como "¡Qué me importa este trabajo, tengo un millón de dólares!"

¿No sería mucho mejor decir "no importa, tengo a Dios conmigo"? ¿Un millón de dólares te da más paz que la que te pueda dar tu Señor? ¿Dónde está puesta tu confianza?

NADIE PUEDE SERVIR A DOS SEÑORES, PUES MENOSPRECIARÁ A UNO Y AMARÁ AL OTRO, O QUERRÁ MUCHO A UNO Y DESPRECIARÁ AL OTRO. NO SE PUEDE SERVIR A LA VEZ A DIOS Y A LAS RIQUEZAS.

Mateo 6:24

¿Crees en realidad que el dinero que posees te va a cuidar, te va a dar futuro y bienestar? Eso no es así. Con el diezmo, cada mes tú le dices a Dios "el dinero no es mi Señor, tú eres el dueño y soberano de mi vida y mi futuro". Cada vez que recibes dinero, Él te dice "confía en mí, yo te voy a sacar adelante".

El dinero no es malo, el amor al dinero sí lo es. El dinero es neutral, tú lo puedes usar para bien o para mal. Lo que quiere Dios es que el dinero sea tu esclavo, no que tú seas esclavo de él. Tú le tienes que decir al dinero qué es lo que tiene que hacer para ti. Debes tomar una decisión, y quizá esta sea una de las decisiones más difíciles. Debes servir a Dios y no al dinero.

YO, EL SEÑOR, NO CAMBIO. POR ESO USTEDES, DESCENDIENTES DE JACOB, NO HAN SIDO EXTERMINADOS. DESDE LA ÉPOCA DE SUS ANTEPASADOS SE HAN APARTADO DE MIS PRECEPTOS Y NO LOS HAN GUARDADO. VUÉLVANSE A MÍ, Y YO ME VOLVERÉ A USTEDES —DICE EL SEÑOR TODOPODEROSO—. PERO USTEDES REPLICAN: "¿EN QUÉ SENTIDO TENEMOS QUE VOLVERNOS?" ¿ACASO ROBA EL HOMBRE A DIOS? ¡USTEDES ME ESTÁN ROBANDO! Y TODAVÍA PREGUNTAN: "¿EN QUÉ TE ROBAMOS?" EN LOS DIEZMOS Y EN LAS OFRENDAS. USTEDES —LA NACIÓN ENTERA— ESTÁN BAJO GRAN MALDICIÓN, PUES ES A MÍ A QUIEN ESTÁN ROBANDO. TRAIGAN ÍNTEGRO EL DIEZMO PARA LOS FONDOS DEL TEMPLO, Y ASÍ HABRÁ ALIMENTO EN MI CASA. PRUÉBENME EN ESTO —DICE EL SEÑOR TODOPODEROSO—, Y VEAN SI NO ABRO LAS COMPUERTAS DEL CIELO Y DERRAMO SOBRE USTEDES BENDICIÓN HASTA QUE SOBREABUNDE. EXTERMINARÉ A LA LANGOSTA, PARA QUE NO ARRUINE SUS CULTIVOS Y LAS VIDES EN LOS CAMPOS NO PIERDAN SU FRUTO —DICE EL SEÑOR TODOPODEROSO—. ENTONCES TODAS LAS NACIONES LOS LLAMARÁN A USTEDES DICHOSOS, PORQUE USTEDES TENDRÁN UNA NACIÓN ENCANTADORA —DICE EL SEÑOR TODOPODEROSO—.

Malaquías 3:6-12

Imagínate, esto es rentabilidad. Por un 10% el Señor te promete alimento en tu casa, bendición hasta que sobreabunde, el exterminio de la langosta para que no arruine los cultivos y la posibilidad de que nos llamen dichosos. Y pensar que algunos creen más en ese 10% y en ese susurro que dice "no lo entregues, yo te voy a dar seguridad".

¿Cómo está llamando Dios a los que no diezman? Ladrones. ¿Y a quién le están robando? Al mismísimo Dios. Dios quiere que des ese 10% para su esposa, la iglesia. En ese encargo, Él en verdad no te da diez, te da nueve, uno era un encargo de llevarlo a otro lugar, a su esposa.

Cuando no llevas ese encargo, Dios se lo toma personal... ¡se trata de su esposa! Y mucho cuidado porque la Biblia dice **"traigan íntegro el diezmo"** (Malaquías 3: 10ª), es decir que de 1000 son 100, no 80 o 90; de 100 son 10, no 7 u 8. ¿Qué dice la Biblia que pasa cuando robamos al Señor? Estamos "bajo gran maldición".

La Palabra dice que lo primero que uno tiene que hacer cuando recibe, es darle a Dios lo que le pertenece, para que Él bendiga la parte con la que tú te estás quedando. Muchas personas me piden que los ayude a organizarse financieramente, y lo primero que yo le pregunto a la persona es, "¿tú diezmas?". Si me dicen "no", yo no pierdo el tiempo, porque yo no puedo organizar algo que está bajo maldición.

Esto es un paso de fe, como dije antes. Mucha gente se queja de que no le alcanza, pero yo les digo, "es que no diezmas". Estas personas piensan que no diezman porque no les alcanza, pero el asunto es que tienen que diezmar para que les alcance (Yo sé, se requiere fe para creerlo).

> ENTRE LOS MANDATOS QUE VEMOS EN EL LIBRO DE DEUTERONOMIO, EN EL 6:16 ENCONTRAMOS QUE EL SEÑOR DICE BIEN CLARO "NO PONGAS A PRUEBA AL SEÑOR TU DIOS". PERO CUANDO LLEGAMOS AL FINAL DEL ANTIGUO TESTAMENTO, VEMOS QUE EL SEÑOR HACE UNA EXCEPCIÓN, Y ES JUSTAMENTE CON EL TEMA DE LOS DIEZMOS: PRUÉBENME EN ESTO —DICE EL SEÑOR TODOPODEROSO—, Y VEAN SI NO ABRO LAS COMPUERTAS DEL CIELO Y DERRAMO SOBRE USTEDES BENDICIÓN HASTA QUE SOBREABUNDE.
>
> *Malaquías 3:10*

Enfoca tu mirada y tu confianza en el Señor. No en el dinero.

Recordemos cuáles son esas 5 disciplinas que componen el combustible que mantendrá andando nuestro vehículo:

1. Oración

2. Lectura de la Biblia

3. Congregarnos

4. El ayuno

5. Diezmar

Toma un instante para calificarte en estas 5 prácticas y te recomiendo hacer los cambios necesarios.

> **LA PALABRA DICE QUE LO PRIMERO QUE UNO TIENE QUE HACER CUANDO RECIBE, ES DARLE A DIOS LO QUE LE PERTENECE.**

Vamos a revisar algunas historias sobrenaturales que te mostrarán qué es lo que realmente significa el Espíritu Santo en tu vida.

CAPÍTULO 8

LA LLENURA DEL ESPÍRITU SANTO

Frecuentemente encontramos historias de hazañas en la Biblia que nos dejan tremendamente sorprendidos, por ejemplo, hombres que por sí solos en un combate derrotan a cientos de enemigos. Si escuchas algo parecido en la actualidad, pensarías que se trata de un cuento, una tremenda fantasía, pero como esas historias bíblicas vienen de la boca de Dios, sabemos que son reales.

> ASÍ QUE SANSÓN DESCENDIÓ A TIMNAT JUNTO CON SUS PADRES. DE REPENTE, AL LLEGAR A LOS VIÑEDOS DE TIMNAT, UN RUGIENTE CACHORRO DE LEÓN LE SALIÓ AL ENCUENTRO. PERO EL ESPÍRITU DEL SEÑOR VINO CON PODER SOBRE SANSÓN, QUIEN A MANO LIMPIA DESPEDAZÓ AL LEÓN COMO QUIEN DESPEDAZA A UN CABRITO.
>
> *Jueces 14:5-6*

> CUANDO SE ACERCABA A LEJÍ, LOS FILISTEOS SALIERON A SU ENCUENTRO CON GRITOS DE VICTORIA. EN ESE MOMENTO EL ESPÍRITU DEL SEÑOR VINO SOBRE

> **ÉL CON PODER, Y LAS SOGAS QUE ATABAN SUS BRAZOS SE VOLVIERON COMO FIBRA DE LINO QUEMADA, Y LAS ATADURAS DE SUS MANOS SE DESHICIERON. AL ENCONTRAR UNA QUIJADA DE BURRO QUE TODAVÍA ESTABA FRESCA, LA AGARRÓ Y CON ELLA MATÓ A MIL HOMBRES.**
>
> *Jueces 15:14-15*

Estos dos hechos desbordan nuestra imaginación. Si un amigo te llegara con una historia similar, asegurándote que le ocurrió a él, seguro le hablarías del mal que le van a hacer las drogas si no las deja.

Historias sobrenaturales como estas, hay varias; pero hay una en especial que no podemos dejar de mencionar, por lo representativa que es en cuanto al poder de Dios, y por la polarización de los personajes: uno, apenas un adolescente que era pastor de ovejas; el otro, un gigante de casi tres metros. Esa estatura ya era suficiente para espantarse, pero la Biblia especifica algunos otros datos que terminan siendo intimidantes para cualquiera.

> **LLEVABA EN LA CABEZA UN CASCO DE BRONCE, Y SU CORAZA, QUE PESABA CINCUENTA Y CINCO KILOS, TAMBIÉN ERA DE BRONCE, COMO LO ERAN LAS POLAINAS QUE LE PROTEGÍAN LAS PIERNAS Y LA JABALINA QUE LLEVABA AL HOMBRO. EL ASTA DE SU LANZA SE PARECÍA AL RODILLO DE UN TELAR, Y TENÍA UNA PUNTA DE HIERRO QUE PESABA CASI SIETE KILOS.**
>
> *1 Samuel 17:5-7*

Un sencillo muchacho, un adolescente, sin tener experiencia militar o algo que se le parezca, acabó con un gigante que posiblemente tenía el doble de su tamaño, y que sí tenía toda la experiencia en un campo de batalla. Estamos hablando de hombres sencillos que hicieron cosas asombrosas, difíciles de creer. Pero todos estos hombres tenían algo en común: quien les daba la capacidad de hacer eso era el Espíritu Santo que vino sobre ellos.

En el versículo de Jueces citado al inicio, hay una parte a la que debemos prestarle mucha atención:

Pero el Espíritu del Señor vino con poder sobre Sansón.

No es la fuerza humana. Aquí de lo que se trata es de que el Espíritu del Señor está en el medio haciendo una obra completamente sobrenatural.

> **SAMUEL TOMÓ EL CUERNO DE ACEITE Y UNGIÓ AL JOVEN EN PRESENCIA DE SUS HERMANOS. ENTONCES EL ESPÍRITU DEL SEÑOR VINO CON PODER SOBRE DAVID, Y DESDE ESE DÍA ESTUVO CON ÉL. LUEGO SAMUEL REGRESÓ A RAMÁ.**
>
> *1 Samuel 16:13*

¿Cómo fue que David logró derrotar a Goliat? Esa es una buena pregunta, porque —seamos sinceros— si un gigante de tres metros viene contra nosotros, inmediatamente nos vamos corriendo. Y me imagino que si un domingo estuviera con mi congregación y el gigante llegara, ¡quizá al unísono todos me señalen y digan "él es el pastor"!

Bromas aparte, es maravilloso ver que el Espíritu Santo estuvo con David. Ese componente hace que las cosas sean diferentes. Insisto: estamos hablando de hombres comunes que hicieron cosas extraordinarias.

> **ENTONCES EL ESPÍRITU DEL SEÑOR VENDRÁ SOBRE TI CON PODER, Y TÚ PROFETIZARÁS CON ELLOS Y SERÁS UNA NUEVA PERSONA. CUANDO SE CUMPLAN ESTAS SEÑALES QUE HAS RECIBIDO, PODRÁS HACER TODO LO QUE ESTÉ A TU ALCANCE, PUES DIOS ESTARÁ CONTIGO.**
>
> 1 Samuel 10:6

Yo quiero esto en mi vida. El hecho de que el Espíritu Santo venga sobre ti te permite ser una nueva persona, y te va a permitir hacer más de lo que estaba a tu alcance, porque ya no eres tú, sino Dios que está en ti. Lo que tú intentaste conseguir por ti solo, ahora sí lo podrás alcanzar porque el Espíritu de Dios está contigo, y eso marca una gran diferencia.

En el Antiguo Testamento el Espíritu Santo venía solo sobre algunas personas, eran casos contados. Sin embargo, a través del profeta Joel, Dios promete algo maravilloso.

> **DESPUÉS DE ESTO, DERRAMARÉ MI ESPÍRITU SOBRE TODO EL GÉNERO HUMANO. LOS HIJOS Y LAS HIJAS DE USTEDES PROFETIZARÁN, TENDRÁN SUEÑOS LOS ANCIANOS Y VISIONES LOS JÓVENES.**
>
> Joel 2:28

Acá ya no se hacen distinciones, aquí vemos que el Espíritu de Dios sería derramado sobre todos los que acepten al Señor en sus vidas. Eso quiere decir que tú y yo estamos invitados a que lo mismo ocurra en nosotros. Esto es totalmente real para ti que lees este libro. No se trata de un sueño inalcanzable, se trata del Espíritu Santo que realmente quiere hacer una obra en ti.

> **CUANDO LLEGÓ EL DÍA DE PENTECOSTÉS, ESTABAN TODOS JUNTOS EN EL MISMO LUGAR. DE REPENTE, VINO DEL CIELO UN RUIDO COMO EL DE UNA VIOLENTA RÁFAGA DE VIENTO Y LLENÓ TODA LA CASA DONDE ESTABAN REUNIDOS. SE LES APARECIERON ENTONCES UNAS LENGUAS COMO DE FUEGO QUE SE REPARTIERON Y SE POSARON SOBRE CADA UNO DE ELLOS. TODOS FUERON LLENOS DEL ESPÍRITU SANTO Y COMENZARON A HABLAR EN DIFERENTES LENGUAS, SEGÚN EL ESPÍRITU LES CONCEDÍA EXPRESARSE.**
>
> Hechos 2:1-4

El espíritu es invisible, tú no lo ves, pero sus manifestaciones son visibles. La Palabra de Dios suele comparar al espíritu con el viento. Por ejemplo, dice de él que no puedes ver de dónde viene ni a dónde va; sin embargo, el viento tú lo puedes sentir. Igual ocurre con el Espíritu Santo de Dios: tú no lo puedes ver, pero sí puedes sentir sus manifestaciones, ¡puedes experimentarlo!

Eso ocurre, por ejemplo, en el momento de la alabanza, cuando empiezas a sentir algo especial estando en la presencia del Señor. Quizá tu corazón empieza a contristarse y quieres llorar; o quizá empiezas a sentir una paz que nunca antes habías sentido.

El versículo siguiente está ubicado en el tiempo en que Jesús ya había resucitado. Jesús se había aparecido a sus discípulos y les había dado una instrucción clara y precisa.

> **DESPUÉS DE PADECER LA MUERTE, SE LES PRESENTÓ DÁNDOLES MUCHAS PRUEBAS CONVINCENTES DE QUE ESTABA VIVO. DURANTE CUARENTA DÍAS SE LES APARECIÓ Y LES HABLÓ ACERCA DEL REINO DE DIOS. UNA VEZ, MIENTRAS COMÍA CON ELLOS, LES ORDENÓ: —NO SE ALEJEN DE JERUSALÉN, SINO ESPEREN LA PROMESA DEL PADRE, DE LA CUAL LES HE HABLADO:**

> **JUAN BAUTIZÓ CON AGUA, PERO DENTRO DE POCOS DÍAS USTEDES SERÁN BAUTIZADOS CON EL ESPÍRITU SANTO.**
>
> *Hechos 1:3-5*

> **LA PALABRA BAUTIZAR VIENE DEL GRIEGO "BAPTÍZEIN", QUE QUIERE DECIR "SUMERGIR". JUAN BAUTIZABA A LAS PERSONAS EN UN TIPO DE BAUTIZO A TRAVÉS DEL CUAL SUMERGÍA POR COMPLETO A LAS PERSONAS EN UNAS AGUAS Y LUEGO LAS SACABA DE ALLÍ. PERO EL MISMO JESÚS NOS DICE ALGO MUY REVELADOR SOBRE EL BAUTIZO DEL ESPÍRITU SANTO QUE ESTABA POR VENIR: JUAN BAUTIZÓ CON AGUA, PERO DENTRO DE POCOS DÍAS USTEDES SERÁN BAUTIZADOS CON EL ESPÍRITU SANTO.**
>
> *Hechos 1:5*

En ese bautizo, el Espíritu mismo nos sumerge a nosotros en Él, y entonces estaremos llenos del Espíritu Santo. Lo que Jesús les estaba diciendo a sus apóstoles es que antes de cumplir con el propósito para el cual habían sido elegidos, esperen al Espíritu Santo que será la provisión para la visión, el equipamiento necesario para estar listos ante semejante encargo.

El plan de vida que Dios tiene para ti es tan grande, que tú solo no lo podrías alcanzar. Tú necesitas el poder de Dios en ti para poder lograrlo. Si Dios te hablara y te dijera "esta es la misión que tienes para cumplir", probablemente la veas muy grande y difícil de cumplir, por lo que le dirías, "Señor, no creo ser capaz de cumplirla".

Pienso que Dios te diría, "tienes razón, yo también creo que eres incapaz de cumplirla por ti solo, pero en vista de que no estás solo y mi Espíritu Santo está en ti, serás capaz de grandes cosas".

El mismo Jesús, siendo Dios, dejó su condición de Dios y se humilló a sí mismo haciéndose ser humano. Eso quiere decir que Él decidió vivir con las mismas limitaciones humanas que tú y yo tenemos. Jesús solamente empezó a hacer milagros una vez que fue bautizado y el Espíritu Santo vino sobre Él.

EL PLAN DE VIDA QUE DIOS TIENE PARA TI ES TAN GRANDE, QUE TÚ SOLO NO LO PODRÍAS ALCANZAR.

Antes de que el Espíritu Santo baje sobre Jesús, no vemos escenas donde Él resucite muertos, les abriera los ojos a los ciegos, limpiara leprosos o hiciera cosas parecidas. Fue solamente después de que buscara a Juan el Bautista en el Jordán y se viera cómo los cielos se abrían y el Espíritu Santo bajara sobre Él en forma de paloma.

Recordemos que el mismo Dios habló y selló este gran momento.

EN SEGUIDA, AL SUBIR DEL AGUA, JESÚS VIO QUE EL CIELO SE ABRÍA Y QUE EL ESPÍRITU BAJABA SOBRE ÉL COMO UNA PALOMA. TAMBIÉN SE OYÓ UNA VOZ DEL CIELO QUE DECÍA: «TÚ ERES MI HIJO AMADO; ESTOY MUY COMPLACIDO CONTIGO».

Marcos 1:10-11

Jesús estaba mostrándonos lo que podríamos hacer cuando el Espíritu Santo viniera sobre nosotros.

CIERTAMENTE LES ASEGURO QUE EL QUE CREE EN MÍ LAS OBRAS QUE YO HAGO TAMBIÉN ÉL LAS HARÁ, Y AUN LAS HARÁ MAYORES, PORQUE YO VUELVO AL PADRE.

Juan 14:12

Jesús nos dejó ver que una iglesia llena del Espíritu Santo podrá ver los mismos milagros que Él hizo. Jesús sigue siendo el mismo el día de hoy, lo único que ha pasado es que actualmente su cuerpo es la iglesia, y Él sigue usando ese cuerpo para hacer sus milagros.

> **ESTAS SEÑALES ACOMPAÑARÁN A LOS QUE CREAN: EN MI NOMBRE EXPULSARÁN DEMONIOS; HABLARÁN EN NUEVAS LENGUAS; TOMARÁN EN SUS MANOS SERPIENTES; Y, CUANDO BEBAN ALGO VENENOSO, NO LES HARÁ DAÑO ALGUNO; PONDRÁN LAS MANOS SOBRE LOS ENFERMOS, Y ESTOS RECOBRARÁN LA SALUD.**
>
> *Marcos 16:17-18*

Jesús nos está hablando acá de cosas que no son humanas, de milagros. Nos dice que cuando nosotros creemos en Él y estamos llenos de su Espíritu, a través nuestro Él hará cosas sobrenaturales. Tú tienes un propósito de vida que ha sido definido por Dios, al igual que lo tuvo Moisés cuando libertó de la esclavitud al pueblo de Israel; José cuando salvó la región de un tiempo de hambre; o Noé cuando construyó el arca con el que se salvaron del exterminio la raza humana y los animales.

> **NO ME ESCOGIERON USTEDES A MÍ, SINO QUE YO LOS ESCOGÍ A USTEDES Y LOS COMISIONÉ PARA QUE VAYAN Y DEN FRUTO, UN FRUTO QUE PERDURE. ASÍ EL PADRE LES DARÁ TODO LO QUE LE PIDAN EN MI NOMBRE.**
>
> *Juan 15:16*

Es maravilloso y es una realidad. Jesús puso la mirada en ti y te escogió. Tú estás leyendo este libro porque desde que tú naciste Él te viene buscando, hasta que finalmente obtuvo tu atención. Podrías argumentar que estás donde estás por coincidencia, pero la verdad es que fuiste elegido para estar aquí. Dios te trajo hasta este momento.

Qué espectacular es saber que Dios no miente, que todo lo que dice es verdad. Y qué hermoso es saber que te escogió, te dio una misión y está esperando que des un fruto que perdure, que trascienda lo terrenal. Porque este mundo tendrá fin, pero la asignación que te fue dada sí va a perdurar. Ese encargo comienza en lo terrenal, pero trascenderá hasta lo eterno.

Es la presencia del Espíritu Santo lo que hará la diferencia en tu vida para cumplir con ese objetivo, así como hizo la diferencia en la vida de Moisés. Recuerda que él intentó libertar al pueblo de Israel desde su posición de hijo del faraón, y fracasó. No consiguió su objetivo a pesar de tener poder e influencia.

Pasaron 40 años después de ese fracaso para que él recibiera la verdadera y más poderosa autoridad, la que viene dada desde el cielo. Lo que no pudo hacer con toda su influencia egipcia, lo pudo hacer con el Espíritu Santo que vino sobre él.

Si recorres la Biblia, Moisés no es el único ejemplo de querer hacer las cosas por cuenta propia, sin el poder del Espíritu Santo. Ahí también tenemos a Pedro. Jesús se le acercó y le dijo que pronto iba a ser entregado a las autoridades y llevado a la cruz, y añadió que iba a ser abandonado por todos sus discípulos… incluido él. Me imagino a Pedro poniendo el pecho valientemente para debatir lo que decía el Maestro. Esta fue su declaración.

> —AUNQUE TODOS TE ABANDONEN —DECLARÓ PEDRO—, YO JAMÁS LO HARÉ.
>
> Mateo 26:33

Eso fue valiente. Fue una declaración con ganas, pero sin poder. Puedo imaginarme a Jesús mirando fijamente a Pedro pensando en lo que acabas de leer: "Ay, Pedro, si supieras que solo hablas con ganas, pero sin poder…". Entonces el Maestro, conocedor de nuestros pensamientos más profundos y de nuestra verdadera personalidad, le replica:

> —TE ASEGURO —LE CONTESTÓ JESÚS— QUE ESTA MISMA NOCHE, ANTES DE QUE CANTE EL GALLO, ME NEGARÁS TRES VECES. —AUNQUE TENGA QUE MORIR CONTIGO —INSISTIÓ PEDRO—, JAMÁS TE NEGARÉ. Y LOS DEMÁS DISCÍPULOS DIJERON LO MISMO.
>
> Mateo 26:34-35

Con ganas, y sin poder, a pesar de su enérgica promesa, Pedro terminó negándolo tres veces. No una, sino tres veces. ¿Cuán aturdido y acobardado pudo estar para negar a su Maestro tres veces seguidas? Eso simplemente fue porque las ganas no le alcanzaron, faltaba ese poder que solo el Espíritu Santo le podía traer.

CON GANAS, Y SIN PODER, A PESAR DE SU ENÉRGICA PROMESA, PEDRO TERMINÓ NEGÁNDOLO TRES VECES.

Y eso fue lo que exactamente pasó, ya que, estando revestido por el verdadero poder, Pedro fue hasta el martirio. La tradición cristiana nos dice que fue martirizado en los tiempos de Nerón, y algunos documentos sugieren que el mismo Pedro pidió ser crucificado de cabeza porque él no era digno de ser crucificado como su Señor.

Eso no tenemos exactamente cómo saberlo, pero sí tenemos evidencia de lo que el poder del Espíritu Santo hace en las personas una vez que desciende sobre ellas. Qué gran evidencia resulta en el apóstol Pedro cuando vemos su historia. ¿Puedes ver la diferencia entre tener al Espíritu Santo y no tenerlo?

Puede ser que hoy estés frustrado porque estás intentando sacar adelante tu matrimonio y no has podido. Quizá quieres dejar de lado un pecado, pero te das cuenta que se te está haciendo demasiado difícil. Puede haber muchas cosas que te frustren al día de hoy, por lo que miras al cielo y le dices al Señor, "¿qué pasa?". Créeme que el Señor te debe estar mirando y debe estar diciendo, "lo que pasa es que tienes ganas, pero te falta el poder".

> **YO LOS BAUTIZO A USTEDES CON AGUA PARA QUE SE ARREPIENTAN. PERO EL QUE VIENE DESPUÉS DE MÍ ES MÁS PODEROSO QUE YO, Y NI SIQUIERA MEREZCO LLEVARLE LAS SANDALIAS. ÉL LOS BAUTIZARÁ CON EL ESPÍRITU SANTO Y CON FUEGO.**
>
> Mateo 3:11

Claramente Juan el Bautista estaba anunciando que se iba a cumplir la promesa que años atrás hiciera el profeta Joel (2:28), cuando dijo: *"Después de esto, derramaré mi Espíritu sobre todo el género humano. Los hijos y las hijas de ustedes profetizarán, tendrán sueños los* ancianos y visiones los jóvenes".

Una vez derramado el Espíritu Santo sobre nosotros, habrá manifestaciones de ello. Mucha gente no lo cree, pero, si la Biblia lo dice, ¿acaso no lo vamos a creer?

> **A CADA UNO SE LE DA UNA MANIFESTACIÓN ESPECIAL DEL ESPÍRITU PARA EL BIEN DE LOS DEMÁS.**
>
> 1 Corintios 12:7

Me impresiona que Pablo diga que esta manifestación es para el bien de los demás. Mientras tú estés buscando las manifestaciones del Espíritu Santo para tu propio bien egoísta, eso nunca va a ocurrir. Tienes que morir a ti para que Él se manifieste en ti.

> **A UNOS DIOS LES DA POR EL ESPÍRITU PALABRA DE SABIDURÍA; A OTROS, POR EL MISMO ESPÍRITU, PALABRA DE CONOCIMIENTO; A OTROS, FE POR MEDIO DEL MISMO ESPÍRITU; A OTROS, Y POR ESE MISMO ESPÍRITU, DONES PARA SANAR ENFERMOS; A OTROS, PODERES MILAGROSOS; A OTROS, PROFECÍA; A OTROS, EL DISCERNIR ESPÍRITUS; A OTROS, EL HABLAR EN DIVERSAS LENGUAS; Y A OTROS, EL INTERPRETAR LENGUAS. TODO ESTO LO HACE UN MISMO Y ÚNICO ESPÍRITU, QUIEN REPARTE A CADA UNO SEGÚN ÉL LO DETERMINA.**
>
> 1 Corintios 12:8-11

CAPÍTULO 9

CÓMO RECIBIR EL ESPÍRITU SANTO

Yo espero que hasta este momento que estás leyendo este libro, hayan ocurrido dos cosas: primero que se hayan despertado tus ganas y digas, "¡yo quiero al Espíritu Santo en mi vida!"; y lo segundo es que esto te haya despertado tu fe, tu expectativa, de tal modo que pienses, "¡Dios puso este libro en mis manos porque Él hará algo espectacular! ¡El Espíritu de Dios quiere presentarse ante mí y desea que yo lo pueda abrazar y experimentar!".

Si esto es lo que está pasando contigo, quizá te hagas las preguntas que todos se hacen: ¿Cómo recibirlo? ¿Qué es lo que tengo que hacer? Respondamos estas preguntas con puntos muy claros:

1. CONFESAR A JESÚS COMO TU SEÑOR

El Espíritu Santo de Dios es promesa para los que ya han creído en Jesucristo. Si no lo has hecho el dueño de tu vida y le has entregado el 100 % de tu corazón, esta no es una promesa para ti. Tienes que haber aceptado el propósito de

Dios para tu vida, y eso significa haber renunciado a tu propósito egoísta.

Muchos han llegado a Cristo con un plan de vida, y siguen sin entender cómo funcionan las cosas. Su Palabra dice que el que quiere ser su discípulo tiene que negarse a sí mismo. La vida que tú tenías planeada ya no existe, hay que dejarla de lado por la nueva vida que te ofrece Jesucristo.

El Espíritu Santo es un equipamiento para la vida que el Señor tiene para ti, pero si sigues enfocado en tus planes, no estarás preparado para recibir ese equipamiento. Aun si te mantuvieras en tu idea y llegaras a cumplir el propósito que tú tenías para tu vida, sin tener en cuenta los planes de Dios, créeme que eso no llenaría tu vida.

Debes darle vuelta a la página y decirle al Señor: "Yo creí que esto era lo que me iba a hacer feliz, pero ahora yo confío en ti; ¡dime lo que me va a hacer feliz!". Para seguir a Cristo debemos confiar en que Él sabe mejor que nosotros qué es lo que nos conviene. Debemos aprender a decir "esto «no me suena», pero te voy a creer".

Siempre que la Biblia nos narra una historia donde el Espíritu Santo descendió sobre una persona, esto pasa después que la persona rindió su corazón al Señor. Y eso significa hacerlo al cien por ciento. No al cincuenta por ciento, porque eso no serviría para una relación con el Padre. Él quiere tu cien por ciento, si no, solo serían "amigos". Recuerda que el Señor dijo que el que no renuncia a sí mismo no es digno de seguirlo.

El Señor no acepta tu tibieza. Lo siguiente es duro decirlo, pero es la Palabra del Señor.

> **CONOZCO TUS OBRAS; SÉ QUE NO ERES NI FRÍO NI CALIENTE. ¡OJALÁ FUERAS LO UNO O LO OTRO! POR TANTO, COMO NO ERES NI FRÍO NI CALIENTE, SINO TIBIO, ESTOY POR VOMITARTE DE MI BOCA.**
>
> *Apocalipsis 3:15-16*

Si tu cónyuge te dice, voy a ser fiel a ti al ochenta por ciento, no hay duda de que eso no te sirve. Así son las relaciones de todo o nada, como con Jesús. Deja de ofrecerle al Señor una relación adúltera: tiene que ser una relación tal y como lo pide el Señor en el primer mandamiento. Estar con un pie en Jesús y con el otro en el mundo, aceptando lo que te propone, es un insulto para Aquel que quiere todo de ti.

> **CUANDO LOS APÓSTOLES QUE ESTABAN EN JERUSALÉN SE ENTERARON DE QUE LOS SAMARITANOS HABÍAN ACEPTADO LA PALABRA DE DIOS, LES ENVIARON A PEDRO Y A JUAN. ESTOS, AL LLEGAR, ORARON POR ELLOS PARA QUE RECIBIERAN EL ESPÍRITU SANTO, PORQUE EL ESPÍRITU AÚN NO HABÍA DESCENDIDO SOBRE NINGUNO DE ELLOS; SOLAMENTE HABÍAN SIDO BAUTIZADOS EN EL NOMBRE DEL SEÑOR JESÚS. ENTONCES PEDRO Y JUAN LES IMPUSIERON LAS MANOS, Y ELLOS RECIBIERON EL ESPÍRITU SANTO.**
>
> *Hechos 8:14-17*

¿Notaste que los samaritanos ya habían creído y se habían rendido completamente? Sin embargo, todavía no habían recibido el Espíritu Santo. Algunos creen que solo con confesar a Jesús, ya son llenos del Espíritu. Tú puedes haber recibido a Jesús en tu corazón hace muchos

PARA SEGUIR A CRISTO DEBEMOS CONFIAR EN QUE ÉL SABE MEJOR QUE NOSOTROS QUÉ ES LO QUE NOS CONVIENE.

> **EL SEÑOR DIJO QUE EL QUE NO RENUNCIA A SÍ MISMO NO ES DIGNO DE SEGUIRLO.**

años atrás, pero otra cosa diferente es haber recibido el Espíritu Santo de Dios. Eso explica mucho, porque puedes estar siguiendo a Jesús con tus fuerzas, pero, créeme, habrá una enorme diferencia al seguirlo con Sus fuerzas.

> —DE VERAS TE ASEGURO QUE QUIEN NO NAZCA DE NUEVO NO PUEDE VER EL REINO DE DIOS —DIJO JESÚS. —¿CÓMO PUEDE UNO NACER DE NUEVO SIENDO YA VIEJO? —PREGUNTÓ NICODEMO—. ¿ACASO PUEDE ENTRAR POR SEGUNDA VEZ EN EL VIENTRE DE SU MADRE Y VOLVER A NACER? —YO TE ASEGURO QUE QUIEN NO NAZCA DE AGUA Y DEL ESPÍRITU NO PUEDE ENTRAR EN EL REINO DE DIOS —RESPONDIÓ JESÚS—. LO QUE NACE DEL CUERPO ES CUERPO; LO QUE NACE DEL ESPÍRITU ES ESPÍRITU.
>
> *Juan 3:3-6*

2. DEBES QUERERLO Y DEBES PEDIRLO

Dios es un caballero, Él no obliga a nadie ni tumba la puerta a patadas. Podría incluso traspasar la puerta, sin embargo, siempre te dice, "déjame entrar".

> MIRA QUE ESTOY A LA PUERTA Y LLAMO. SI ALGUNO OYE MI VOZ Y ABRE LA PUERTA, ENTRARÉ, Y CENARÉ CON ÉL, Y ÉL CONMIGO.
>
> *Apocalipsis 3:20*

Todo lo que Él ofrece tiene que ser deseado y aceptado. Él quiere, Él llama; tú debes escuchar, abrir y dejarlo entrar. Debes querer y debes pedir al Espíritu Santo que venga hacia ti.

> **PUES SI USTEDES, AUN SIENDO MALOS, SABEN DAR COSAS BUENAS A SUS HIJOS, ¡CUÁNTO MÁS SU PADRE QUE ESTÁ EN EL CIELO DARÁ COSAS BUENAS A LOS QUE LE PIDAN!**
>
> *Lucas* 11:13

Cuánto más Dios no nos va querer dar su Santo Espíritu si se lo pedimos. Más aun sabiendo que eso nos llevará a conectarnos con Él, de manera que su maravilloso plan empiece a hacerse realidad para nosotros. Pero esto es para los hijos, para los que han nacido de nuevo. Tú debes pedirlo.

3. DEBES CREER QUE VA A OCURRIR

Todo en este mundo te dice, "yo veo y creo". Esto incluso le sucedió a uno de los discípulos de Jesús, Tomás, quien a pesar de haber caminado con Él y haber presenciado milagros y prodigios, le costaba creer que su Maestro había resucitado.

> **TOMÁS, AL QUE APODABAN EL GEMELO, Y QUE ERA UNO DE LOS DOCE, NO ESTABA CON LOS DISCÍPULOS CUANDO LLEGÓ JESÚS. ASÍ QUE LOS OTROS DISCÍPULOS LE DIJERON: —¡HEMOS VISTO AL SEÑOR! —MIENTRAS NO VEA YO LA MARCA DE LOS CLAVOS EN SUS MANOS, Y META MI DEDO EN LAS MARCAS Y MI MANO EN SU COSTADO, NO LO CREERÉ —REPUSO TOMÁS. UNA SEMANA MÁS TARDE ESTABAN LOS DISCÍPULOS DE NUEVO EN LA CASA, Y TOMÁS ESTABA CON ELLOS. AUNQUE LAS PUERTAS ESTABAN CERRADAS, JESÚS ENTRÓ Y, PONIÉNDOSE EN MEDIO DE ELLOS, LOS SALUDÓ.**
>
> **—¡LA PAZ SEA CON USTEDES! LUEGO LE DIJO A TOMÁS:**
>
> **—PON TU DEDO AQUÍ Y MIRA MIS MANOS. ACERCA TU MANO Y MÉTELA EN MI COSTADO. Y NO SEAS INCRÉDULO, SINO HOMBRE DE FE. —¡SEÑOR MÍO Y DIOS**

> MÍO! —EXCLAMÓ TOMÁS. —PORQUE ME HAS VISTO, HAS CREÍDO —LE DIJO JESÚS— DICHOSOS LOS QUE NO HAN VISTO Y SIN EMBARGO CREEN.
>
> *Juan 20:24-29*

Si todo el mundo grita, "yo veo, y creo", Dios te dice, "cree y verás". El resultado (o la recompensa) de la fe es ver lo que has creído. Es por eso que Pablo escribió lo siguiente:

> EN REALIDAD, SIN FE ES IMPOSIBLE AGRADAR A DIOS, YA QUE CUALQUIERA QUE SE ACERCA A DIOS TIENE QUE CREER QUE ÉL EXISTE Y QUE RECOMPENSA A QUIENES LO BUSCAN.
>
> *Hebreos 11:6*

Todas las bendiciones de Dios vienen como resultado de que creemos, no para que creamos. Creer no tiene nada que ver con sentir. Puede que en este momento tu estés tratando de ir a tus emociones para decirles "¡crean, crean!", pero tus emociones son rebeldes y no quieren creer. Si es así, no importa. No importa lo que tus emociones te digan, porque tú y yo vivimos por principios y no por emociones.

> **DIOS ES UN CABALLERO, ÉL NO OBLIGA A NADIE NI TUMBA LA PUERTA A PATADAS.**

Nuestras emociones no son las que nos determinan, son nuestros principios lo que determinan a las emociones. Vivir por principios implica hacer que las emociones se sujeten a ti. ¿Cuántas cosas existen que no quieres hacer? Seguro que muchas. Pero una vez que las haces, deseas hacerlas otra vez.

Cuando tengo alguna diferencia con mi esposa, lo que menos siento es ir a perdonarla. En ese momento el Espíritu Santo me dice "vive por principios y no por emociones". Entonces voy, pero dispuesto a darle órdenes a mis emociones, y le digo "mi amor, te amo; eres más importante que la pelea que tuvimos…". Lo que estoy haciendo en ese momento es negarme a mí mismo.

Cuando estoy ordenando a mi boca que hable bendición sobre ella, las cosas empiezan a cambiar, porque mis principios se ponen por encima de las emociones. Entonces lo que estoy haciendo es ir por donde Dios dice, no por el camino que mis inestables emociones estaban trazando. Ese es el resultado de vivir con la llenura del Espíritu Santo.

Ahora te invito a que lleves a la práctica estos 3 pasos y le pidas a Dios que te llene de su Espíritu.

Esta llenura te abre puertas espirituales maravillosas, te abre las puertas de la armonía con tu familia, pero también te da la oportunidad de demostrarle al Señor un amor lleno y pleno de gratitud. Eso te deja listo para ubicarte en la posición de todo hijo de Dios: ser un verdadero adorador.

CAPÍTULO 10

SOY UN ADORADOR

Adorar es amar al extremo, por encima de todo lo demás. Es decir, cuando tú oras y utilizas la expresión "yo te adoro", le estás manifestando al Señor, "yo te amo por encima de todo lo demás, si me tocara poner en un escalafón todo lo que yo amo, el primer lugar lo ocupas tú".

> —MAESTRO, ¿CUÁL ES EL MANDAMIENTO MÁS IMPORTANTE DE LA LEY?
> —"AMA AL SEÑOR TU DIOS CON TODO TU CORAZÓN, CON TODO TU SER Y CON TODA TU MENTE" —LE RESPONDIÓ JESÚS—.
>
> Mateo 22:36-37

En este versículo hay una indicación más que clara de nuestro Señor. El amar a Dios se antepone a mandamientos clásicos –y muy arraigados en nuestra mente– como "no mentirás", "no codiciarás la mujer de tu prójimo" y "no matarás". Incluso puedo imaginar que, si el Señor no nos hubiera indicado que amar al Señor es el mandamiento más importante, probablemente "no matarás" se llevaría el primer lugar en orden de importancia.

Eso responde a que este mundo nos dice que la mejor religión es "ser buenas personas", pero todos sabemos que no existen buenas personas, nuestra naturaleza es ser malos. Claro, si nos comparamos con otros seres humanos, podría parecer que unos son más buenos que otros; pero el verdadero estándar de bondad es Dios, y a partir de allí no hay ninguna posibilidad de que seamos tildados de buenos.

Esto quiere decir que la adoración a Dios es cumplir con el mandamiento más importante. Tú puedes estar cumpliendo con los demás, pero probablemente no estás cumpliendo con el más importante.

Algo muy importante que debemos entender es que adorar es amar al extremo, pero alabar es otra cosa muy diferente. Alabar es dar un cumplido a alguien o a algo. Eso quiere decir que yo le puedo decir a mi esposa "mi amor, qué linda estás", y allí yo estoy alabando su belleza; o quizá le puedes decir a un amigo que reconoces su generosidad, y allí también lo estás alabando.

Pero no te equivoques, en el espacio reservado en tu corazón para adorar a alguien, solo puede haber una persona, y debe ser Dios. Ser un verdadero adorador no tiene que ver con lo que sale de tu boca, o con el estilo de música que estás escuchando o cantando; tiene que ver con lo que hay en tu corazón. Tú amas a Dios por encima de todo lo demás.

La música, las palabras y otras expresiones son solamente maneras en la que nosotros podemos expresar lo que ya es una verdad en nuestro corazón: que amamos a Dios y que lo ponemos en el primer lugar en relación a todo lo demás.

Cuando tú le dices a Dios, "Señor, te amo por encima de todo", esas palabras no son adoración, son una alabanza que expresa adoración. Para que sean una verdadera adoración, esas palabras tienen que concordar con lo que hay en el corazón.

> **PERO SE ACERCA LA HORA, Y HA LLEGADO YA, EN QUE LOS VERDADEROS ADORADORES RENDIRÁN CULTO AL PADRE EN ESPÍRITU Y EN VERDAD, PORQUE ASÍ QUIERE EL PADRE QUE SEAN LOS QUE LE ADOREN.**
>
> *Juan 4:23*

Los falsos adoradores son los que expresan algo que no se encuentra en su corazón, porque quizá en él se haya enquistado el dinero o sus planes personales, pero el verdadero adorador confirma con hechos concretos que Dios realmente tiene el primer lugar en su vida.

Todos los seres humanos fuimos creados para ser adoradores. Tú no tienes que ser un cristiano para ser adorador, porque todas las personas tenemos un objeto de adoración. El problema es que no todas las personas adoran a Dios. Todos adoran a alguien, pero no todos a Dios.

Todo ser humano tiene en su corazón un espacio para un primer lugar. Algunos adoran al dinero, lo ponen en el primer lugar en su vida y a través de sus actitudes expresan esta adoración. Otros pueden ser, como dice la Biblia, "amadores de sí mismos", que quieren todo para ellos, y se convierten ellos mismos en el objeto de adoración.

Otros pueden encontrar su objeto de adoración en la misma familia. Los hijos, por ejemplo, pueden ser el centro total de la atención en la mente y el corazón de algunos padres, y convierten a esa pequeña creación en su objeto de adoración en vez de adorar al Creador.

Pero cuando tú adoras a Dios, le estás dando el primer lugar en tu corazón. Alabar a Dios cuando otro es el dueño de tu adoración, es simplemente una falsa adoración, y eso se conoce como idolatría.

La idolatría se da cuando tú estás alabando a Dios, pero en tu corazón hay alguien por encima de Dios. Eso es un ídolo en tu vida porque le estás dando a un ser humano o a algún objeto la misma condición de Dios, el lugar que le corresponde a Él. La idolatría produce que estemos bajo maldición y que vivamos en decadencia, porque tú tienes puesta tu esperanza en tu objeto de adoración, y crees que ese objeto de adoración te puede bendecir.

Puedes amar mucho y con locura a tu hijo, pero tu hijo no te puede bendecir; él no tiene los atributos de Dios. Puedes tener tu esperanza puesta en el dinero, lo adoras, lo pones por encima de Dios y por eso dejas de ir a la iglesia por trabajar "para tener más dinero". Pero el dinero no tiene los atributos de Dios para darte lo que Él te puede dar.

Lo mismo estaba pasando con el pueblo de Israel cuando estaban sumergidos en la idolatría y tenían otros ídolos, sin embargo, al mismo tiempo, seguían yendo al templo y ofrecían sacrificios a Dios. Levantaban sus manos, parecían espirituales, pero no lo eran, solo eran religiosos. A sus ídolos le estaban dando lo mejor, lo primero, pero a Dios solo le daban lo bueno, lo segundo.

Idolatría también se define cuando a Dios le das "lo bueno", pero a tu ídolo le das lo primero, lo mejor; y ese puedes ser tú mismo.

Vayamos a los hijos de Adán y Eva: Caín y Abel. La Biblia nos dice que cuando presentaron el primer fruto de su esfuerzo, Caín presentó delante de Dios lo bueno; mucha atención en esto, porque la Palabra no dice que fue una mala ofrenda. Sin embargo, Abel, que fue el primer adorador, le presentó a Dios lo mejor en el primer fruto de su trabajo. Es decir, antes de pensar en cualquier otra cosa, Abel pensaba en la gran oportunidad que tenía de darle lo mejor a Dios, y sabía que Dios no se iba a quedar con eso, porque a Dios nadie le gana en dar. Abel sabía que Dios le daría también lo mejor.

> **ABEL TAMBIÉN PRESENTÓ AL SEÑOR LO MEJOR DE SU REBAÑO, ES DECIR, LOS PRIMOGÉNITOS CON SU GRASA. Y EL SEÑOR MIRÓ CON AGRADO A ABEL Y A SU OFRENDA, PERO NO MIRÓ ASÍ A CAÍN NI A SU OFRENDA. POR ESO CAÍN SE ENFURECIÓ Y ANDABA CABIZBAJO.**
>
> *Génesis 4:4-5*

¿Por qué no miró con agrado a Caín a pesar de que Caín también le estaba trayendo una ofrenda? Muy sencillo, porque esa ofrenda estaba evidenciando que el corazón de Caín se había hecho un ídolo, que tenía amor al dinero, que tenía amor a sí mismo. Por el contrario, al mirar a Abel, el Señor vio a un verdadero adorador, ya que en ese corazón Dios estaba en el primer lugar.

Cuídate muchísimo de que tu alabanza te impida ver a quién les estás dando tu adoración; tu adoración es la que debe dirigir tu alabanza.

CÓMO ADORAR A DIOS

En el versículo que está al inicio de este capítulo, donde Jesús dice *"Ama al Señor tu Dios con todo tu corazón, con todo tu ser y con toda tu mente"*, no nos dice que amemos al Señor a través de la música o alzando las manos. No estoy criticando estas expresiones válidas entre cristianos. Intento explicar que no es una indicación expresa de Dios, lo que nos lleva a leer bien el versículo y ver que nuestra adoración debe ser con todo lo que somos, con todo el corazón, nuestro ser y con toda nuestra mente.

Cuando el diablo te mete basura en la mente, ¿tú permites que sea esa basura la que gobierne tu mente? ¿O permites que tu adoración sea la que pone en orden todo lo que está ocurriendo en la mente?

> **SI USTEDES ME AMAN, OBEDECERÁN MIS MANDAMIENTOS.**
> *Juan 14:15*

Obedecer es el resultado de adorar. No se trata de que tengas que obedecer a Dios para amarlo, sino que vas a ser obediente a Dios porque has decidido amarlo, porque es el resultado de ponerlo por encima de todo lo demás.

Cuando amas a alguien, buscas hacerle bien a esa persona. La razón por la cual muchos matrimonios fracasan es porque convierten el amor en querer, y la diferencia entre estos dos conceptos se grafica muy bien en este ejemplo: el que quiere una flor, la arranca; el que la ama, le echa agua. Así, cuando ambos cónyuges sienten que se acaba el amor, lo único que hacen es arrancarse mutuamente las flores del jardín de su corazón.

Vivir por principios y no por emociones es lo que hace florecer el amor en el matrimonio. Pero lo curioso es que las emociones siempre vienen en el momento más inoportuno; por ejemplo, cuando hay una pelea. Es justo en ese momento que las emociones te dicen algo como: "Tengo una buena idea… grítale sus fallas. Insulta ¡y con volumen alto para que entienda!". Si es así, ¡alto! ¡Todo lo que te digan tus emociones nunca será una buena idea! Nadie es sabio cuando actúa embriagado por una emoción.

El amor no se trata acerca de lo que recibes, sino de lo que das y de lo que siembras. Cuando decides vivir por principios y no por emociones, te vas a dar cuenta de que cuando decides dar con generosidad a tu cónyuge, él no va a tardar en darte de regreso esa generosidad. Ese es un matrimonio donde siempre sobreabunda el amor. El amor no es una emoción, es una decisión que, puesta en acción, produce la emoción.

La adoración se tiene que ver reflejada en toda tu vida: en la forma en que manejas tu dinero, en la forma en la que cuidas tu cuerpo, en el modo en que te relacionas con las demás personas. Tu adoración incluso se tiene que ver en la forma en la que tú perdonas y en la forma en la que llevas el ministerio. Como ves, todas las esferas de tu vida deben gritar que Dios es tu dueño y Señor.

Lo quieras o no lo quieras, lo veas o no lo veas, siempre vas a seguir al objeto de tu adoración. Cuando afirmas temerariamente que no vas a amar a Dios más que a tus hijos, estás decidiendo que vas a seguir a tus hijos. Ellos pueden ser los más lindos e inteligentes, pero, como niños, serán muy malos guías para tu vida.

Tomar la vía correcta y amar a Dios por encima de mis hijos no es amarlos menos de lo que los amo, en realidad es amarlos más. Si los amo por encima de Dios, estoy poniendo en riesgo a mis hijos. Pero cuando pongo las cosas en el orden correcto y pongo a Dios por encima de mis hijos, así protejo todo lo que está debajo y le doy la posibilidad de que sea bendecido.

Lo mismo pasa con el dinero. Lo sigues cuando crees que los mandatos de Dios con respecto al dinero son equivocados, y te aferras a él como si te pudiera conducir. Debes recordar que el dinero es un buen esclavo, pero un mal amo. Como esclavo te va a servir; y como amo, te va a extraviar.

¿CUÁNDO DEBO ADORAR?

Siempre. Sin embargo, debemos empezar con una pregunta. Cuando estás pasando por momentos difíciles, ¿tus acciones reflejan que Dios está por encima de tus circunstancias?

Hay una escena que refleja muy bien la respuesta a esta pregunta; es la historia de Pablo y Silas. Ellos estaban encarcelados debido a que decidieron hacer lo correcto en ese momento, que era predicar la Palabra de Dios.

> **DESPUÉS DE DARLES MUCHOS GOLPES, LOS ECHARON EN LA CÁRCEL, Y ORDENARON AL CARCELERO QUE LOS CUSTODIARA CON LA MAYOR SEGURIDAD. AL RECIBIR TAL ORDEN, ESTE LOS METIÓ EN EL CALABOZO INTERIOR Y LES SUJETÓ LOS PIES EN EL CEPO. A ESO DE LA MEDIANOCHE, PABLO Y SILAS SE PUSIERON A ORAR Y A CANTAR HIMNOS A DIOS, Y LOS OTROS PRESOS LOS ESCUCHABAN.**
>
> *Hechos 16:23-25*

Asombroso. En medio de la dificultad empezaron a exteriorizar su amor a Dios. ¿Qué crees que estaban sintiendo Pablo y Silas al saber que estaban predicando la Palabra de Dios y que su recompensa fue semejante humillación y dolor? Es probable que lo último que ellos querían hacer después de ser humillados, golpeados y encarcelados, era alabar a Dios. Sin embargo, a través de lo que hicieron se estaba evidenciando que ellos no eran falsos adoradores. Ni la vergüenza, ni los golpes, ni el frío, ni la injusticia lograron callar su adoración.

Piensa, por otro lado, en el rey David. Fue un hombre que parecía tener un propósito de vida envidiable, sin embargo, tuvo que pasar por muchas cárceles, golpes, vergüenzas y cadenas. Él hubiera podido elegir fácilmente quejarse, pero cada una de sus penurias se convirtió en una maravillosa oportunidad para ser inspirado y escribir un Salmo.

A él se le conoce como el autor de la mayoría de los Salmos, pero la realidad es que la mayoría de ellos no fueron escritos en los buenos momentos, sino en las adversidades. Desde lo más profundo de esas adversidades él tenía que sacar algo. Y lo que salía de él era un Salmo.

Lo mismo le pasó a Jesús. Estuvo cuarenta días ayunando en el desierto, y en ese momento tuvo un encuentro que reveló el verdadero significado de la adoración.

> DE NUEVO LO TENTÓ EL DIABLO, LLEVÁNDOLO A UNA MONTAÑA MUY ALTA, Y LE MOSTRÓ TODOS LOS REINOS DEL MUNDO Y SU ESPLENDOR. —TODO ESTO TE DARÉ SI TE POSTRAS Y ME ADORAS. —¡VETE, SATANÁS! —LE DIJO JESÚS—. PORQUE ESCRITO ESTÁ: "ADORA AL SEÑOR TU DIOS Y SÍRVELE SOLAMENTE A ÉL". ENTONCES EL DIABLO LO DEJÓ, Y UNOS ÁNGELES ACUDIERON A SERVIRLE.

Mateo 4:8-11

Las carencias del desierto y los ataques de Satanás solo sirvieron para evidenciar lo que había en el corazón de Jesús: un verdadero altar donde tenía al Padre Eterno, una adoración sincera, un amor que le concedía el primer lugar. La pregunta es ¿qué está saliendo de tu corazón en los momentos difíciles? ¿Se está evidenciando que Dios está primero en tu corazón? Hay que agregar que no solamente se debe adorar en la adversidad, sino también en la felicidad.

Salomón usó sus días de esplendor para construir un templo a Dios, todo lo contrario a los ejemplos anteriores. Y no cualquier templo. Si ponemos el valor de este templo según el costo actual, se calcula que estaría valorizado entre seis y nueve billones de dólares.

Adoremos a Dios en las buenas y en las malas, es decir, en todo momento. Lastimosamente hay algunos que en las buenas levantan los brazos y dicen, "Dios, tú eres lo más importante para mí", pero en las malas bajan los brazos y le sacan la lengua. Mientras que hay otros que en las malas levantan los brazos, buscan a Dios y le dicen, "Señor, yo me comprometo contigo", pero cuando están pasando por las buenas, se pierden.

He escuchado a personas decirme, "Pastor, oremos para que mi negocio despegue". Hemos orado y clamado al Señor pidiendo su favor, pasan los días, y luego de que el Señor la bendice, esa persona se desaparece. Cuando vuelvo a ver a esa persona, le pregunto "¿qué pasó?", y la respuesta que recibo es "mi negocio despegó, gracias por orar conmigo, pero ahora estoy muy ocupado para venir a la iglesia".

Eso es levantar las manos en las malas y salir corriendo en las buenas. Eso es poner al negocio como dueño de tu adoración.

¿Qué se evidencia en tus buenas y qué se evidencia en tus malas? Si no tienes a Dios como objeto de tu adoración, Él solamente es objeto de tu interés. Es decir, tu relación con Él es solo por interés.

Imagínate que tengas un amigo que se te acerca porque sabe que te está yendo bien, pero cuando las cosas se ponen negras ya no te contesta el teléfono. ¿Qué pensarías de ese amigo? Es claro que está contigo por interés. ¿Estás obrando de la misma manera con Dios?

Que todo lo que vivas, todo lo que hagas y todo lo que tengas sea para ti la oportunidad de mostrar quién es el dueño de tu adoración.

CON QUÉ DEBO ADORAR

A mi segundo hijo le llamamos Abel porque es el nombre del primer adorador que nos presenta la Biblia. Adán y Eva estaban caídos debido a su desobediencia. Ya la maldición había entrado sobre sus vidas, y los primeros hijos que tienen, que algunos estudiosos creen que eran mellizos, empezaron a evidenciar lo que había ocurrido con el ser humano. Habían tenido un hijo que era un genuino adorador, pero otro que era idólatra.

El Señor está buscando a los verdaderos adoradores, para separarlos de los falsos adoradores, quienes además de dar lo bueno en vez de lo mejor, buscan esconder su idolatría.

¿A DÓNDE PERTENECES?

Abel, apenas recibió el primer fruto de su esfuerzo, lo primero que empezó a palpitar en su corazón fue, "¡cuán grande va a ser el deleite de Dios cuando lo honre!". Eso lo convirtió en el primer adorador. Él entendía que a Dios no se le honraba dándole lo bueno, sino lo mejor. Entendía que tenía que pensar primero en Dios que, en él mismo, aun cuando esto le costó la vida.

Su hermano no sabía dar lo mejor, solo lo bueno. Era un idólatra y terminó quitándole la vida a Abel, porque los falsos adoradores no soportan a los verdaderos adoradores.

Cuando Dios empezó a transformar mi vida y empecé a vivir la vida cristiana, mis parientes que no eran cristianos vieron el cambio. Yo me había alejado de una vida desorganizada que incluía el consumo de drogas y el alcohol, y empecé a tener una vida más ordenada. La primera pregunta que me hicieron fue: "¿Y cuánto te están pidiendo en la iglesia?".

Yo los miraba y les decía, "¿esto es lo primero que sale de ustedes? ¿Para ustedes lo más importante es cuánto le estoy dando a Dios? ¿No se dan cuenta de todo lo que Él me está dando a mí?".

Un falso adorador siempre estará incomodado con la presencia de un verdadero adorador. Por eso se preguntaban: "¿Cómo es que tú piensas en Dios antes que en nosotros? ¿Cómo es que tú piensas en Dios antes que en ti?".

Seguramente esas mismas preguntas asaltaban a Caín y por eso terminó con la vida de su hermano. A pesar de eso, mientras tuvo vida, Abel no permitió que nada apagara su adoración, y por eso sigue siendo testimonio para nosotros hasta el día de hoy. Él no permitía que los ataques de los demás definieran su adoración. No lo hagas tú tampoco. Solo haz como la viuda.

> **JESÚS SE SENTÓ FRENTE AL LUGAR DONDE SE DEPOSITABAN LAS OFRENDAS, Y ESTUVO OBSERVANDO CÓMO LA GENTE ECHABA SUS MONEDAS EN LAS ALCANCÍAS DEL TEMPLO. MUCHOS RICOS ECHABAN GRANDES CANTIDADES. PERO UNA VIUDA POBRE LLEGÓ Y ECHÓ DOS MONEDITAS DE MUY POCO VALOR. JESÚS LLAMÓ A SUS DISCÍPULOS Y LES DIJO: «LES ASEGURO QUE ESTA VIUDA POBRE HA ECHADO EN EL TESORO MÁS QUE TODOS LOS DEMÁS. ESTOS DIERON DE LO QUE LES SOBRABA; PERO ELLA, DE SU POBREZA, ECHÓ TODO LO QUE TENÍA, TODO SU SUSTENTO».
>
> *Marcos 12:41-44*

Seguramente que esa viuda, después de dejar esas dos monedas, no tenía con qué pagar el lugar donde vivía ni tenía con qué comer. No era para menos, lo estaba dando todo. Todo. No como otros que echaban las monedas que les sobraban.

Al echarlo todo, ella estaba poniendo a Dios en el primer lugar de su vida. Muchas personas dirían en ese tiempo, "¡qué brutalidad cometió esa viuda!", pero lo que no sabían es que Dios se encargaría de suplirle todo lo que ella necesitaba.

Tu adoración no se mide por lo que tú le das a Dios; se mide por lo que tú le niegas. Porque cuando le das lo bueno y le niegas lo mejor, también le estás negando tu verdadera adoración. Cada uno de nosotros tiene un llamado dentro del Reino. Tu adoración es rendirte a Jesús para que hagas de Él tu vida. Pero hay una gran pregunta: ¿es Jesús tu vida?

CAPÍTULO 11

SOY UN HIJO DE DIOS

Estamos llegando al final de esta aventura en el Espíritu. Solo nos falta una cosa: definirnos de acuerdo con lo que realmente somos. Si te preguntaran, "¿quién eres tú?", ¿qué responderías?

Es importante que conozcamos nuestra identidad. Si bien lo que nosotros hacemos no define lo que somos, lo que somos sí debería definir lo que hacemos. No vivir de acuerdo con nuestra identidad usualmente ocurre por desconocimiento.

Para que vivas tu verdadera identidad es sumamente importante que sepas quién eres. Si eres millonario, y crees que eres pobre, vas a vivir como pobre a pesar de ser millonario. Entonces, ¿cuál es tu identidad? ¿Quién eres tú? Veamos lo que nos dicen las escrituras.

> **MAS A CUANTOS LO RECIBIERON, A LOS QUE CREEN EN SU NOMBRE, LES DIO EL DERECHO DE SER HIJOS DE DIOS. ESTOS NO NACEN DE LA SANGRE, NI POR DESEOS NATURALES, NI POR VOLUNTAD HUMANA, SINO QUE NACEN DE DIOS.**
>
> *Juan 1:12-13*

Estos versículos nos hablan del momento en que te conviertes al Señor Jesucristo, cuando tú le entregas todas las áreas de tu vida. La Palabra nos dice que nacemos de nuevo, ya no como criaturas de Dios, sino como hijos de Dios, y esa es la identidad que se nos asigna.

Entonces, eres un hijo de Dios. Así de claro. Así de sencillo. Pero también significa que antes de entregarle nuestra vida y nuestro corazón al Señor no éramos hijos, tan solo creación de Dios. Ahora que somos hijos, eso viene con ciertos derechos; y si nosotros entendemos que somos hijos, vamos a vivir como tales, y no como bastardos.

Cuando observamos el pueblo de Israel que sale de Egipto —que es el mismo cuadro que ocurre cuando somos rescatados por Dios— nos damos cuenta de que ellos salen de Egipto ya siendo pueblo de Dios. Sin embargo, ellos en su mente aún eran esclavos, y como el pueblo de Israel pensaba así, se comportaba con mentalidad de esclavo.

Cada vez que se enfrentaban a una necesidad o a un problema, buscaban la respuesta a esa situación en la esclavitud. Si tenían hambre, lo primero que pensaban era "volvamos a Egipto porque allá hay carne". Iba un ejército tras ellos y los israelitas decían, "vamos a morir en el desierto, regresemos a Egipto". Tenían sed, y en ese momento decían, "¿para qué salimos de Egipto? Allí teníamos agua para beber". Como vemos, constantemente estaban buscando la solución a cualquier problema desde la perspectiva de la esclavitud.

Cuando tienes que resolver un problema en tu vida, ¿te ves tentado a resolverlo desde tu vida antes de Cristo? Tienes que ser consciente que así vuelves atrás, a una esclavitud de la que Jesucristo ya te salvó. Debes cuidarte, porque eso es tener mentalidad de esclavo, y no tienes que resolver las cosas desde esa perspectiva porque ya eres un hijo de Dios.

> **NO SE AMOLDEN AL MUNDO ACTUAL, SINO SEAN TRANSFORMADOS MEDIANTE LA RENOVACIÓN DE SU MENTE. ASÍ PODRÁN COMPROBAR CUÁL ES LA VOLUNTAD DE DIOS, BUENA, AGRADABLE Y PERFECTA.**
>
> *Romanos 12:2*

Este mundo tiene una manera de resolver los problemas que se presentan en las diferentes áreas de la vida, pero nosotros no nos podemos amoldar a este mundo actual. No podemos seguir mirando a Egipto como alternativa. Es urgente que aprendamos a voltear nuestra mirada a Dios.

El Señor no te trajo acá para que mueras de hambre o de sed, o para que mueras en manos del ejército enemigo. Te trajo para que sientas la presencia de tu Padre, y para que tú sepas que eres hijo. Nunca lo olvides: ¡siempre puedes contar con Papá! Él es el mejor de los padres, el único cien por ciento bueno.

Ahora que eres hijo, vive como hijo, y responde a los desafíos de la vida como tal. Deja de responder ante esos desafíos como un bastardo.

Hay cinco derechos que tú tienes como hijo de Dios:

1. ERES AMADO POR TU PADRE, DIOS

> **PUES ESTOY CONVENCIDO DE QUE NI LA MUERTE NI LA VIDA, NI LOS ÁNGELES NI LOS DEMONIOS, NI LO PRESENTE NI LO POR VENIR, NI LOS PODERES, NI LO ALTO NI LO PROFUNDO, NI COSA ALGUNA EN TODA LA CREACIÓN PODRÁ APARTARNOS DEL AMOR QUE DIOS NOS HA MANIFESTADO EN CRISTO JESÚS NUESTRO SEÑOR.**
>
> *Romanos 8:38-39*

No importa si en algún momento te esfuerzas en no ser amado por Dios, Él te va a seguir amando. Es extraordinario saber que nada va a poder separarnos del amor de Dios. No tenemos que hacer nada para ganar su amor, y nada podemos hacer para llegar a perderlo.

Algo que aprendí en lo natural, como hijo, y que corroboré más adelante como padre, es que no importa lo que uno se esfuerce en hacer lo incorrecto como hijo, un padre nunca deja de amar a su descendencia.

Recuerda las experiencias que has tenido como padre de un bebé. Imagino la cantidad de anécdotas que tienes en la cabeza. Leche derramada sobre tu traje, comida que vuela, pañales sucios, actitudes desafiantes, gestos impropios… ¡Es como si se esforzaran en intentar que los dejemos de amar! Pero todo lo que tu hijo haya hecho siempre queda en el olvido para ti, porque eres un padre, y no dejas de amar a tus hijos.

Si eso ocurre con nosotros que somos malos, cuánto más no será con nuestro Padre Celestial que es 100% bueno. Te recuerdo que nuestra naturaleza es ser malos, aunque podemos hacer el bien, pero nuestra naturaleza no cambia.

Eso no pasa con Dios, que es genuinamente bueno. Eso quiere decir que Él no puede hacer el mal, de lo contrario eso iría en contra de su naturaleza. Tú eres alguien malo que puede hacer el bien; Dios, que es bueno, no puede hacer el mal. Piensa en cosas que no le harías a tu hijo porque eso significaría que eres un mal padre. ¿Acaso crees que el Señor haría eso contigo?

El mejor papá de la tierra es un mal padre comparado con Dios. Nunca pienses que Él sería más malo de lo que tú serías, porque tú nunca podrías llegar a ser tan bueno como Él. Dios nos ama a cada uno como un verdadero hijo.

> ¿PUEDE UNA MADRE OLVIDAR A SU NIÑO DE PECHO, Y DEJAR DE AMAR AL HIJO QUE HA DADO A LUZ? AUN CUANDO ELLA LO OLVIDARA, ¡YO NO TE OLVIDARÉ!
>
> Isaías 49:15

Si tuviste malos padres, déjame darte una buena noticia: tienes ahora el mejor. Es un Padre que nunca te dejará, que te ama profundamente y que nunca, nunca dejará de amarte.

2. DIOS, TU PADRE, ES TU PROVEEDOR

> POR ESO LES DIGO: NO SE PREOCUPEN POR SU VIDA, QUÉ COMERÁN O BEBERÁN; NI POR SU CUERPO, CÓMO SE VESTIRÁN. ¿NO TIENE LA VIDA MÁS VALOR QUE LA COMIDA, Y EL CUERPO MÁS QUE LA ROPA? FÍJENSE EN LAS AVES DEL CIELO: NO SIEMBRAN NI COSECHAN NI ALMACENAN EN GRANEROS; SIN EMBARGO, EL PADRE CELESTIAL LAS ALIMENTA. ¿NO VALEN USTEDES MUCHO MÁS QUE ELLAS? ¿QUIÉN DE USTEDES, POR MUCHO QUE SE PREOCUPE, PUEDE AÑADIR UNA SOLA HORA AL CURSO DE SU VIDA? ¿Y POR QUÉ SE PREOCUPAN POR LA ROPA? OBSERVEN CÓMO CRECEN LOS LIRIOS DEL CAMPO. NO TRABAJAN NI HILAN; SIN EMBARGO, LES DIGO QUE NI SIQUIERA SALOMÓN, CON TODO SU ESPLENDOR, SE VESTÍA COMO UNO DE ELLOS. SI ASÍ VISTE DIOS A LA HIERBA QUE HOY ESTÁ EN EL CAMPO Y MAÑANA ES ARROJADA AL HORNO, ¿NO HARÁ MUCHO MÁS POR USTEDES, GENTE DE POCA FE? ASÍ QUE NO SE PREOCUPEN DICIENDO: "¿QUÉ COMEREMOS?" O "¿QUÉ BEBEREMOS?" O "¿CON QUÉ NOS VESTIREMOS?". LOS PAGANOS ANDAN TRAS TODAS ESTAS COSAS, PERO EL PADRE CELESTIAL SABE QUE USTEDES LAS NECESITAN. MÁS BIEN, BUSQUEN PRIMERAMENTE EL REINO DE DIOS Y SU JUSTICIA, Y TODAS ESTAS COSAS LES SERÁN AÑADIDAS. POR LO TANTO, NO SE ANGUSTIEN POR EL MAÑANA, EL CUAL TENDRÁ SUS PROPIOS AFANES. CADA DÍA TIENE YA SUS PROBLEMAS.
>
> Mateo 6:25-34

Una de las cosas que más nos inquietan y que más nos roba la paz, es algo que Dios nos ha dicho que ya tiene cubierto, por el simple derecho que tenemos al ser hijos de Dios. Y Dios nos acaba de decir que busquemos primero el Reino de los Cielos, y todo lo demás nos será añadido.

Cuando tienes en orden las prioridades y buscas primero el Reino, toda necesidad económica es cubierta por añadidura. La escasez en medio de los hijos de Dios se da porque la prioridad es buscar la añadidura en lugar de buscar primero el Reino.

En la casa de un rey —y nuestro Padre es un Rey—, siempre que se sirve una comida, es un banquete, algo así como **"all you can eat"**. Pero ¿qué pasa si a la hora del banquete el hijo sale a buscar comida en las calles? Estaría pasando problemas innecesarios porque se puso a buscar lo que ya estaba cubierto en la casa de papá.

Lo que el Señor te está diciendo es que dejes de poner tu confianza en el dinero o en el trabajo, y que empieces a entender que todo aquello son simplemente llaves, porque la única y verdadera fuente es tu Dios.

Quiere decir que, aunque tu salario te llegue a través de tu trabajo, ese trabajo es solo una llave, la verdadera fuente es Dios. Si se te cerró esa llave, tú puedes mirar al cielo, y tu Padre, que es la fuente, te dice, "no te preocupes, voy a abrir otra llave a través de la cual va a venir la provisión que yo te he prometido".

Sin embargo, hay algunos que miran la llave, en este caso el trabajo, y con sus actitudes le dicen "papá", creyendo que es la fuente que necesitan. Hay otros que pierden el trabajo y piensan que es lo peor que les pudo pasar en la vida. Se sienten bastardos porque "los abandonó su papá, su proveedor".

Pero tu Padre nunca te abandona. Si se cierra una llave, Él te va a abrir otra. Deja de creer que algo humano va a cuidar de ti.

¿Y en qué consiste el buscar el Reino de los Cielos, tal y como nos manda Su Palabra? Es vivir a Jesús como Señor en cada área de nuestra vida y hacer lo que Él nos dice en todo. Es saber con la cabeza y el corazón que nuestras necesidades van a ser cubiertas, pero a la vez nosotros tenemos que seguir trabajando de una manera que honre a Dios.

Por supuesto que no estoy sugiriendo que nos pongamos en plan de vagos, lleguemos a la oficina del jefe, pateemos la lonchera y le digamos, "yo sé que ahora mi Papá me va responder por todo". Eso es todo, menos buscar el Reino de Dios y su justicia.

Una persona que busca el Reino de Dios y su justicia es el mejor trabajador, porque sabe que no trabaja por un salario, sino que sabe que a través de su trabajo él está adorando a Dios. En el momento que ese trabajo peligre, la tranquilidad de andar de la mano de Dios nos hace decirle, "Señor, yo hice lo mejor, así que, si se cierra esta puerta, estoy seguro que tú me vas a abrir una más grande".

Deja de buscar la respuesta en la esclavitud de la cual Él ya te ha sacado.

3. DIOS, TU PADRE, CUIDA DE TI

NO PERMITIRÁ QUE TU PIE RESBALE; JAMÁS DUERME EL QUE TE CUIDA.

Salmos 121:3

Qué espectacular. Dios cuida de ti. No es la policía, no es el vecino que sabe kung fu, no es tu esposo que se cree kung fu... ¡Es tu Padre el que te cuida! No hay un solo momento en que Dios se quede dormido y te descuide. Eso nos puede pasar a nosotros en lo natural. Nos descuidamos un momento y de pronto vemos que nuestro hijo está en el suelo por alguna travesura. Por más de que tratamos de tenerlo a salvo no lo logramos porque no tenemos ojos en todos lados. Pero Dios sí. No hay un instante en que Él se distraiga y te pierda de vista.

Cuando estamos en la calle mi hijo me mira y me dice, "papá, me estás mirando, ¿cierto?"; y cuando está seguro de ello se aparta un poco. ¡Qué diferencia con Dios! Tú no tienes que decirle nada, Él siempre está atento, porque *jamás duerme el que te cuida.* Observa cómo sigue el versículo:

JAMÁS DUERME NI SE ADORMECE EL QUE CUIDA DE ISRAEL.

Salmos 121:4

Hagamos un ejercicio para que te des cuenta de lo pendiente que el Señor está de ti. Solo cambia tu nombre por el de Israel. Eso es lo que el Señor te quiere decir en este momento. Esto es lo que el Señor me dice a mí:

Jamás duerme ni se adormece el que cuida de Pedro.

La buena noticia continúa.

> **EL SEÑOR ES QUIEN TE CUIDA, EL SEÑOR ES TU SOMBRA PROTECTORA. DE DÍA EL SOL NO TE HARÁ DAÑO, NI LA LUNA DE NOCHE. EL SEÑOR TE PROTEGERÁ; DE TODO MAL PROTEGERÁ TU VIDA. EL SEÑOR TE CUIDARÁ EN EL HOGAR Y EN EL CAMINO, DESDE AHORA Y PARA SIEMPRE.**
>
> *Salmos 121:5-8*

Es una delicia saber que a donde vayamos, Dios nos está cuidando.

Algo que todos sabemos como padres es que, si alguien se atreve a tocar a nuestros hijos, tendría que pasar por encima de nosotros. Eso no es algo que pensamos, simplemente es instinto. Exactamente así es nuestro Padre: su mirada siempre está puesta sobre nosotros. Para que alguien nos toque, tendría que pasar por Papá Dios. Y eso no es posible.

> **MI PADRE, QUE ME LAS HA DADO, ES MÁS GRANDE QUE TODOS; Y DE LA MANO DEL PADRE NADIE LAS PUEDE ARREBATAR.**
>
> *Juan 10:29*

Nadie te puede arrebatar de las manos de tu Creador. Nadie. Para que te hagas una idea, la palabra "nadie" en el original griego es… NADIE.

Él te cuida y te dice "no temas". Para que estés seguro de esto, te voy a dar un dato más que interesante: la frase "no temas" aparece 365 veces en la Biblia. Eso significa que Dios, cada día del año, te da la seguridad de que no hay un solo momento en que debes temer.

El temor es el resultado de percibir a Dios como si estuviera lejos o desentendido de nosotros. Esto les pasó a los apóstoles cuando estaban en la barca y vino la tormenta. Jesús estaba durmiendo, así que lo vieron lejano, desentendido; y les entró un gran temor. Lo mismo les pasó a Adán y Eva cuando se vieron separados de Dios a causa de su desobediencia: tuvieron miedo y fueron a esconderse.

No te engañes. Que Dios parezca lejos de nosotros siempre será una falsa percepción.

> ESTO LO HIZO DIOS PARA QUE TODOS LO BUSQUEN Y, AUNQUE SEA A TIENTAS, LO ENCUENTREN. EN VERDAD, ÉL NO ESTÁ LEJOS DE NINGUNO DE NOSOTROS.
>
> *Hechos 17:27*

Quizá te pueda sorprender una mala noticia en cualquier área de tu vida, pero tienes que saber que Dios ya la sabía, que Él no está lejos y cuida de ti.

La relación que tenemos con nuestros hijos nos ayuda a tener una mejor percepción de cuán pendiente está Dios de cada uno de nosotros. Hay ocasiones en que mi hijo Natán ve una película de héroes donde inevitablemente hay un villano. Este villano a veces es un monstruo y esa imagen a veces se queda girando por su frágil cabecita.

Por supuesto que la responsable de eso es mi esposa, porque yo jamás le dejaría ver películas con monstruos... (¿me creen, cierto?).

Entonces Natán de pronto siente algo de miedo, pero cuando yo, como papá, percibo que algo le pasa, voy a su habitación para ver qué sucede. Si me quedo a su lado, algo maravilloso pasa: su miedo se va.

Toda vez que nosotros somos conscientes de que el Padre está con nosotros, ten por seguro que el temor se va. Puede que la situación difícil siga, pero tú tienes a Papá cerca diciéndote, "yo cuido de ti, eso que tanto temes, no va a ocurrir; y eso que tanto deseas, ya viene en camino". Recuerda lo que la Palabra de Dios dice:

> **LO QUE EL MALVADO TEME, ESO LE OCURRE; LO QUE EL JUSTO DESEA, ESO RECIBE.**
>
> *Proverbios 10:24*

> **EL QUE NO ESCATIMÓ NI A SU PROPIO HIJO, SINO QUE LO ENTREGÓ POR TODOS NOSOTROS, ¿CÓMO NO HABRÁ DE DARNOS GENEROSAMENTE, JUNTO CON ÉL, TODAS LAS COSAS?**
>
> *Romanos 8:32*

No dudes, no temas. Dios te considera su hijo, y no hay una sola cosa que Él no haría por sus hijos. ¡Imagínate que entregó a Jesucristo como rescate por nosotros!

4. PERTENECES AL REINO DE LOS CIELOS Y A LA FAMILIA DE DIOS

Cuando estuve en la ceremonia de nacionalización de los Estados Unidos jurando bandera, ocurrió algo que me sorprendió gratamente. Nos empezaron a explicar lo que significa ser ciudadano norteamericano, y, entre otras cosas, nos dijeron "Estados Unidos los adopta a ustedes, eso quiere decir que lo que pasa con ustedes, pasa con los Estados Unidos".

Cuando ocurre cualquier tipo de amenaza en cualquier parte del mundo, lo primero que tiene que hacer cada país es averiguar qué ciudadanos suyos están en peligro, porque cada país tiene la misión de velar por el bienestar y la seguridad de cada uno de ellos. Yo, como ciudadano de Estados Unidos, reconozco que me siento seguro y protegido, pero hay una nacionalidad que está por encima de la que tienes en lo natural, seas colombiano, peruano, chino o francés.

> **EN CAMBIO, NOSOTROS SOMOS CIUDADANOS DEL CIELO, DE DONDE ANHELAMOS RECIBIR AL SALVADOR, EL SEÑOR JESUCRISTO.**
>
> *Filipenses 3:20*

Qué paz nos trae saber que somos ciudadanos de los cielos, por eso los cielos velan por nosotros, Dios asigna ángeles para que nos cuiden. Y además de ciudadanos de los cielos, también somos hijos del Rey. ¡Sangre real! ¡Sangre azul!

> **Y, SI SOMOS HIJOS, SOMOS HEREDEROS; HEREDEROS DE DIOS Y COHEREDEROS CON CRISTO, PUES, SI AHORA SUFRIMOS CON ÉL, TAMBIÉN TENDREMOS PARTE CON ÉL EN SU GLORIA.**
>
> *Romanos 8:17*

5. ERES APROBADO POR DIOS Y ÉL TIENE UN PLAN PARA TI

Deja de estar buscando la aprobación de Dios, ya la tienes por derecho. Todos necesitamos que nuestro padre nos muestre su aprobación, que suelte sobre nosotros palabras como "estoy orgulloso de ti". Quizá no hayas recibido esas palabras de tu padre natural, sin embargo, por encima de eso hay una verdad: eres totalmente aprobado por Dios.

Junto a lo que significa la aprobación, está nuestra realización. Nosotros necesitamos saber que estamos avanzando en la vida. Si estamos en un trabajo donde no nos sentimos que somos productivos o que no somos necesarios, inevitablemente nos sentimos frustrados. Esa frustración no tiene por qué acompañarte. Tienes que saber que Dios tiene un plan para tu vida, un plan para que te realices, de manera que, si lo sigues, al final del camino voltearás hacia atrás y dirás: "Dios me dio un lugar de privilegio para servir en este mundo".

Una gran necesidad del hombre siempre será la aprobación por lo que hacen. Muchos la buscan de sus padres biológicos como si fueran mendigos. Es a causa de esto que hay tantos adictos al trabajo y tanta frustración en el quehacer diario, porque todo lo que hacen inconscientemente es con el fin de sacar de la boca de sus padres una frase como "estoy orgulloso de ti". Ante la frustración de no recibir eso tan deseado, se dedican a su trabajo o a otras cosas y se convierten en esclavos de su hacer.

Esa fue la historia de los dos hijos pródigos. Sí, fueron dos los pródigos. La Palabra nos cuenta que un momento el hijo menor le dijo a su padre, "dame mi herencia, quiero vivir a mi manera". El padre se la entrega, el hijo se va y derrocha todo el dinero, al punto que termina alimentando cerdos. Hay que recordar que para los judíos el cerdo es un animal inmundo, es decir, que el hijo terminó haciendo el peor trabajo que podía hacer, incluso con el deseo de querer comerse la comida de esos cerdos.

De pronto se acordó que en la casa de su padre había jornaleros que su padre los alimentaba muchísimo mejor de como él se alimentaba en ese miserable momento. Así que regresó a su casa, y lo hermoso de esto es que su padre lo vio de lejos y salió corriendo a su encuentro.

Eso ocurre cuando hay arrepentimiento. Tu Padre Celestial sale a recibirte y te acompaña amorosamente el resto del camino.

El hijo le dijo, "no merezco ser tu hijo, quiero ser como uno de tus jornaleros". Este hijo se sentía mal, vivía en desaprobación por todo lo que había derrochado. Pero el padre sabía en su corazón esta popular frase: "una vez hijo, siempre hijo". El padre ordenó que le traigan ropas nuevas y le dio un anillo en señal de aprobación. Hizo matar el ternero más gordo para celebrar. Su hijo que estaba muerto, había regresado a la vida.

Luego, recordemos que había otro hermano, quien llegó y escuchó la música, por lo que preguntó, "¿qué está pasando acá?". Le contestaron, "tu hermano menor ha regresado y tu papá mató el becerro más gordo para celebrar, por eso hay una fiesta".

El mayor se indignó y no entró a casa, sino que el padre tuvo que salir. El hijo le reclamó que él siempre se había esforzado y trabajado y nunca habían matado un ternero para él.

Pienso que los dos estaban perdidos. El menor, que no había hecho lo suficiente, vivía en desaprobación por sus reprochables actos, y el mayor, que sí hacía, estaba esclavo de su hacer, creciendo en orgullo, viendo a los demás como si fueran poca cosa.

Una persona que tiene una identidad sana no busca la identidad en su hacer. Esta persona vive en la identidad del Padre porque su ser no se basa en su hacer, sino en lo que Jesús hizo en la cruz del calvario. Es solo por gracia.

Esa misma gracia que el Señor derramó por Jesús el día que fue bautizado en el Jordán, es la misma gracia que hoy derrama sobre ti:

> **Y UNA VOZ DEL CIELO DECÍA: «ESTE ES MI HIJO AMADO; ESTOY MUY COMPLACIDO CON ÉL».**
>
> *Mateo 3:17*

No lo olvides: cuando el Padre te ve, ve a Jesús en ti. Y estas palabras que el Señor derramó sobre Jesús, las está derramando también sobre ti el día de hoy. Grábatelas en la mente y en el corazón: "eres mi Hijo amado, estoy muy complacido de ti".

TÚ ERES VALIOSO

La Biblia nos cuenta que en una oportunidad le preguntaron a Jesús cuál es el mandamiento más importante, a lo que Jesús respondió que es amar a Dios por encima de todas las cosas. Los mandamientos son las instrucciones que Dios nos da para poder vivir "a full"; para poder disfrutar al máximo esta vida. Pasar por alto sus mandamientos no solo acorta la longitud de nuestra vida, sino también su calidad. Lo curioso es que, después de responder Jesús cuál es el mandamiento más importante, añadió (sin que le preguntaran) cuál es el segundo mandamiento más importante: **"Ama a tu prójimo como a ti mismo"** (Marcos 12:31).

Jesús concluye que estos dos mandamientos resumen todos. En otras palabras, en estos dos mandamientos está la clave para prolongar nuestra vida y la calidad de la misma. La felicidad no se encuentra en las posesiones materiales, sino en nuestras relaciones. En este libro hemos aprendido a amar a Dios por encima de todo. Pero una vez lo hacemos, Dios nos capacita y nos demanda practicar el segundo mandamiento: amar al prójimo como a nosotros mismos.

Entonces, después de amar a Dios, ¿a quién debemos amar? Algunos responden ante esta pregunta: Al prójimo. Pero la respuesta correcta es "a nosotros mismos". Porque el amor que te tienes a ti mismo va a determinar cuánto amas a tu prójimo. Si tú no te amas o te amas poquito, entonces amar al prójimo igual que a ti mismo significaría no amarlo o amarlo poquito. Pero acá está la clave: una vez que nos encontramos con Dios y restauramos nuestra relación con Él, nuestro amor propio debe aumentar como resultado.

Para explicártelo te quiero contar una historia. El otro día mi esposa estaba limpiando el closet y saliendo de todo lo que no usamos. Al hacerlo se encontró con dos relojes míos que me había regalado mi papá hace 20 años. Yo llevaba varios años sin usar esos relojes, al punto que la batería estaba agotada. Mi esposa me preguntó qué quería hacer con ellos. Mi respuesta fue: "bótalos a la basura". Mi esposa me preguntó si se los regalaba y por supuesto, accedí.

Resulta que ella los buscó por Internet y se encontró con la sorpresa de que eran considerados clásicos y que los precios de los dos sumaban 12 mil dólares. Esto lo encontró en la página web de la marca de los relojes.   Por supuesto, cuando me contó cambié de parecer y le dije que ya no se los regalaba (jajaja, no, mentiras. No he sido capaz aun de decírselo).

A lo que me refiero con esta historia, es que lo que consideraba basura se convirtió en el tesoro más valioso de mi casa cuando su hacedor me dijo su precio. Lo mismo debe ocurrir con nosotros cuando entendemos cuál es el valor que nos da nuestro Hacedor. ¿Cuál es ese valor?

Cuando mi hijo Natán nació (es mi primogénito), mi esposa y yo nos alegramos mucho. Duramos ocho años luchando contra la infertilidad, así que su nacimiento fue muy valorado y atesorado. Y estando en el hospital, Dios me dio una instrucción. Me dijo: "Quiero que cuando llegues a la casa con Natán, vayas de inmediato a su cuarto y leas Juan 3:16". Así que una vez llegué a la casa, me fui directo hacia el cuarto de mi hijo con una Biblia y con Natán en mis brazos. Me senté y leí ese versículo, que es el más conocido por el pueblo cristiano.

> **PORQUE TANTO AMÓ DIOS AL MUNDO, QUE DIO A SU HIJO *UNIGÉNITO, PARA QUE TODO EL QUE CREE EN ÉL NO SE PIERDA, SINO QUE TENGA VIDA ETERNA.**
>
> *Juan 3:16, NVI*

Cuando terminé de leer este versículo, Dios me preguntó: ¿lo harías? ¿Entregarías a Natán para que muera por pecadores? ¿Darías su vida en rescate de prostitutas, comerciantes de droga, ladrones, mentirosos y etc.? Mi respuesta a Dios fue la más rápida que le he dado y que le sigo dando: ¡¡¡No, por nadie!!!

Una vez le respondí a Dios, Él me volvió a hablar y me dijo: "Yo lo hice por ti. No es que lo hice, sino por quien lo hice. Tú. Pedro, tu vida tiene ese valor para mí. Vales el haber entregado a mi único hijo. Vales el haber entregado a Jesús, el que jamás pecó, a pesar de que tú sí pecas".

Este no solo es mi valor, es el tuyo. Si vales tanto para Dios, para tu Hacedor, es porque eres valioso. No importa si tenías tu vida en baja estima. Cuando conocemos a nuestro Hacedor y el valor que pagó por nosotros, entonces nuestro valor y amor propio cambian. En ese momento sabemos que nuestra vida no es basura, es el tesoro más grande de todos. Fuimos comprados por el mayor costo de la historia.

Bueno, Jesús nos dice: "Ya que sabes tu valor y te amas, ahora ve y dale ese valor y ese amor a tu prójimo".

Debemos aprender a amar y a valorar a los demás sabiendo que tienen ese valor para Dios. Esta es la clave de nuestras relaciones. Ya que conozco mi valor y mi amor, puedo cumplir con el segundo mandamiento, el cual es necesario para poder vivir una vida "a full" (al máximo).

Para profundizar en este tema, te invito a leer mi libro "Relaciones al máximo", donde podrás aprender cómo vivir tus relaciones en el orden de Dios; relaciones sanas y de bendición.

PALABRAS FINALES

Espero que este viaje que hemos hecho para hablar del área espiritual de nuestra vida, haya sido provechoso para ti. Recuerda que esta área es el motor de tu vida, y con un motor funcionando bien, será muy fácil avanzar.

Ahora que hemos estado poniendo a punto el motor, lo hemos aceitado y hemos ajustado las piezas necesarias, es muy necesario ver qué es lo que está pasando con las demás partes del vehículo. Nuestro auto tiene cuatro llantas, y cada una de ellas es un área de nuestra vida que debemos tratar con sumo cuidado, siempre bajo la mirada atenta del Creador:

1. Área relacional (la familia)
2. Área física
3. Área profesional
4. Área ministerial

Te invito a que le demos una profunda mirada a tus relaciones, arrancando con tu familia y la manera como nos relacionamos con ella. Nuestra vida relacional, sin lugar a dudas, determinará nuestro caminar como personas. Seas padre, hijo, esposo, esposa, abuelo, amigo o lo que te toque desempeñar, tu rol no solo resultará importante para ti, sino para todos los integrantes con los que te relacionas.

Dios quiere que seas de bendición para los que te rodean, empezando con tu familia, para que éstos a su vez sean de influencia para que otros encuentren El Camino. ¿Te atreves a ser ese agente de cambio? ¿Te atreves a ser de bendición? Entonces acompáñanos en el siguiente libro de esta serie **Vida al máximo.**

ACERCA DEL AUTOR

El Pastor Pedro F. Villegas y su esposa Ana María, inspirados por Dios, pastorean la Iglesia Full Life, con un concepto claramente determinado y específicamente delineado. Su profundidad de mensaje enseña a las personas a vivir el verdadero cristianismo de una manera práctica, aplicando el desarrollo espiritual a su vida en todas sus expresiones.

Cuando le entregamos nuestro corazón a Jesús, toda nuestra vida debe cambiar. No podemos vivir en compartimientos ni separar la vida espiritual de nuestras expresiones de vida. Ser un verdadero cristiano es entregar todo a Dios, saber que contamos con Él para todo, y con Él como base, dejarnos guiar para que todas las áreas de nuestra vida se pongan y se mantengan en Su orden. Eso es ser cristiano y es lo que nos hace diferentes del mundo. Las cinco áreas principales de la vida deben alinearse y ser cónsonas con lo que Dios quiere para nosotros y lo que nos ha prometido.

De ahí parte la visión de la Iglesia Full Life: enseñar y ayudar al cristiano a reflejar a Jesús en todas las áreas de su vida (espiritual, relacional, física, profesional y ministerial) por medio de vivir la Palabra de Dios y aplicarla siempre y en todo lo que hace.

El Pastor Pedro F. Villegas tiene una trayectoria ministerial y empresarial que lo equipa de manera especial para la extensa labor que Dios le ha encomendado.

Colombiano de nacimiento y ciudadano de los Estados Unidos, por muchos años se destacó trabajando como diseñador multimedia, gerencia de marca y mercadeo en el campo secular. A los 23 años entregó su vida al Señor y desde entonces mostró una gran pasión por Jesucristo y Su obra. Desde entonces, empezó su preparación ministerial y en el año 2009, junto con su esposa Ana María, se mudaron a Miami, Florida, como pastores de jóvenes de la Iglesia Casa Sobre La Roca.

En el año 2013, juntos fundaron la Iglesia Full Life, congregación en continuo crecimiento y notable impacto en el sur de la Florida, bajo la cobertura de la Iglesia Doral Jesus Worship Center y sus Pastores Frank y Zayda López. Recientemente el Pastor Pedro fue electo presidente de la Asociación de Pastores del Sur de la Florida para el periodo 2022 – 2023.

La Pastora Ana María es psicóloga con maestría en Consejería Cristiana y tiene gran experiencia en consejería de niños, jóvenes, mujeres y familia en general. Después de siete años batallando contra la infertilidad y la esterilidad, siguiendo la voz de Dios los Pastores Pedro y Ana dieron inicio a HOPE, ministerio diseñado para equipar y ministrar a parejas, y sus familiares, que enfrentan infertilidad y esterilidad y que quieren derrotarlas de la mano de Dios. ¡Dios es el único dador de la vida!

HOPE ha sido herramienta de Dios para ayudar y bendecir a muchas parejas a alcanzar su sueño de ser padres y a equiparlos para vivir su espera desde la victoria.

Entre los muchos testimonios se encuentra el de su hijo Natán, quien nació el 2 de octubre del 2015 después de ocho años de espera; y su hijo Abel, quien nació el 21 de julio de 2017, con quien Dios terminó de convertir su área de lucha en una doble porción.

Le invitamos a mantenerse en contacto con nuestro Ministerio y a renovar su vida o empezar a vivirla adquiriendo nuestra serie de libros

6411 Taft St, Hollywood, FL 33024

www.iglesiafullLife.org

iglesiaFullLife